Köstlich und schnell mit **Mikrowelle**

Backen

3
2
1
250 °C
200
150
100
50
0
TOP-LINE electronic

Köstlich und schnell mit **Mikrowelle**

Sabine von Imhoff

Backen

Das GU Bild-Backbuch für alle Mikrowellen-Kombinationsgeräte.

Die Farbbilder gestalteten Odette Teubner und Kerstin Mosny.

GU Gräfe und Unzer

Das finden Sie in diesem Buch

Über dieses Buch

Seite 5

Backen mit Mikrowellen

in den verschiedenen Geräten
Seite 6–7

Geeignete Backformen

für den Mikrowellen-Kombinationsbetrieb
Seite 8–9

Besondere Tips

für das Backen in der Mikrowelle
Seite 10–11

Backen im Mikrowellen-Kombinationsgerät

Seite 12–13

Saftige Kuchen, die leicht gelingen

Seite 14–35

Feine Quarktorte 16
Quark-Apfelkuchen 16
Quarkbrötchen 17
Zucchini-Nußkuchen 17
Schokoladenkuchen 18
Marmorkuchen 18
Gugelhupf mit Pistazien 19
Gugelhupf mit Cognac 19
Ananas-Mandarinenkuchen 20
Kiwikuchen 20
Schokoladengugelhupf 21
Kirschgugelhupf 21
Kirschkuchen mit Baiserhaube 22
Schokoladen-Kirschkuchen 23
Kirsch-Nougatkuchen 23
Donauwellen 24
Traubentorte mit Mandelbaiser 25
Traubentorte mit Mandelteig 25
Gedeckte Apfeltorte 26
Apfel-Vollkornkuchen 26
Apfelkuchen mit Mandel-Eier-Guß 27
Apfelkuchen mit Crème-fraîche-Guß 27
Apfelstrudel 28
Stachelbeer-Schokoladen-Torte 29
Zwetschgenkuchen mit Guß 30
Zwetschgentorte mit Nußteig 30
Saftiger Sommerkuchen mit Zwetschgen, Äpfeln und Birnen 31
Zwetschgenkuchen 32
Saftige Aprikosentorte 32
Birnenkuchen 33
Quark-Mandelkuchen 34
Sahne-Mandelkuchen 34
Mohntorte 35
Mohngugelhupf 35

Torten und Gebäck für besondere Anlässe

Seite 36–55

Preiselbeertorte mit Quark 38
Feigentorte 39
Kiwitorte 40
Prinz-Eugen-Torte 41
Möhren-Festtagstorte in drei Etagen 42
Kartoffelkuchen mit Mandeln 43
Brombeerkranz 44
Fruchtige Bananentorte mit Quarkcreme 45
Nußtorte mit Krokant 46
Kaffeetorte 47
Erdbeersahnetorte 48
Himbeerroulade 49
Heidelbeerkuchen mit Mandelguß 50
Heidelbeerkuchen mit Streuseln 50
Früchtetarte mit Beeren 51
Orangentorte 52
Schokoladencremetorte 53
Früchtekuchen 54
Orangenkuchen 54
Honigkuchen 55

Pikantes mit Gemüse, Fisch und Fleisch

Seite 56–75

Sauerkraut-Pirogge 58
Blumenkohltorte 59
Tomatentorte mit Egerlingen 59
Kartoffel-Lauch-Pizza 60
Krautstrudel 61
Kräuter-Wurst-Brot 62
Zwiebelbrot 63
Käse-Quarkbrot 63
Würziges Vollkornbrot 64
Würziges Vierkornbrot 65
Lauchtorte 66
Zwiebelkuchen 66
Blätterteigpastete 67
Lothringer Specktorte 67
Gemüse-Vollkornkuchen 68
Tomaten-Käsewähe 69
Blätterteigtaschen mit Kalbsbrät 70
Blätterteigtaschen mit Spinat 70
Zwiebel-Speck-Törtchen 71
Feine Lachstarte 72
Spinat-Seelachs-Tarte 73
Schinken-Käsegebäck 74
Möhren-Kohlrabi-Pizza 75

Wichtige Tabellen

Seite 76

Der Inhalt des Buches von A–Z

Seite 77–78

Über dieses Buch

Festliche Torten und saftige Kuchen sind doch sicher auch bei Ihnen stets hochwillkommen und beliebt. Besonderen Anklang findet dabei selbstgebackener Kuchen. Aber auch im Alltag ist eine Kaffeetafel oder ein Nachmittagstee mit Selbstgebackenem eine angenehme Abwechslung. Doch woher nehmen Sie die Zeit, noch Kuchen aus eigener Produktion auf den Tisch zu bringen? Ganz einfach: Dabei helfen Ihnen die Mikrowellen. Das Gebäck allerdings, das im Mikrowellen-Sologerät zubereitet wurde, konnte nicht so recht überzeugen. Die Ergebnisse entsprachen nicht den Vorstellungen von einem klassischen Rühr- beziehungsweise Mürbeteig- oder Hefekuchen. In einem Mikrowellen-Kombinationsgerät dagegen stehen Ihnen nun zusätzlich die konventionellen Beheizungsarten wie Ober- und Unterhitze oder Umluft zur Verfügung. Durch Zuschalten von Mikrowellen verkürzen sich die Backzeiten erheblich, und Ihr Kuchen schmeckt und sieht aus, wie Sie es gewohnt sind. Außerdem leisten die Mikrowellen bei den Vorbereitungsarbeiten und der Teigzubereitung gute Dienste. Einem Ansturm unerwarteter Gäste sind Sie auch gewachsen, denn Eingefrorenes ist schnell aufgetaut.

Trotz meiner großen Begeisterung für das Backen mit Mikrowellen sei nicht verschwiegen, daß es nicht immer sinnvoll ist, Mikrowellen einzusetzen. Das gilt für Kleingebäck (Plätzchen) und Mürbeteigböden ohne Belag. Bei anderen, beispielsweise Bisquitböden, empfehle ich das Backen im vorgeheizten Gerät. Bei mehreren Versuchen hat dieses Vorgehen einfach die besseren Backergebnisse geliefert. Der geringe Mehraufwand an Energie wird durch eine kürzere Backzeit wieder wettgemacht.

Diese Erfahrungen konnte ich während meiner mehrjährigen Tätigkeit bei einem Energieversorgungsunternehmen sammeln. Meine letzte Tätigkeit in einem Schulungs- und Informationszentrum ließ mir reichlich Raum zum Experimentieren und zum »Austüfteln« der Feinheiten. Der Spaß am Kochen und Backen und die Freude über gelungene neue Rezepte waren schließlich der Ansporn dafür, die Rezepte in einem Buch festzuhalten. Ich habe mich bemüht, in diesem Bild-Backbuch die einzelnen Rezepte Schritt für Schritt so genau zu beschreiben, daß Ihnen alles gelingt. In mehreren Abbildungen werden Ihnen die Geräte und das Zubehör vorgestellt. Fotos und Tabellen helfen Ihnen, eingefrorenes Gebäck und Zutaten mit Mikrowellen richtig aufzutauen.

Damit Sie die Backzeit und die Beheizungsart auf den ersten Blick erkennen können, habe ich diese Angaben in einer übersichtlichen Tabelle an den Anfang jedes Rezeptes gestellt. Hier am Beispiel des Cognac-Gugelhupf:

	Einstellung	Garzeit/ Minuten
Nur Mikrowellen	600 Watt	1
Mikrowellen mit Ober- und Unterhitze	90 Watt 180–200°	30–35
oder		
Mikrowellen mit Umluft	90 Watt 160–180°	
Gesamtgarzeit		31–36

Nur Mikrowellen bedeutet, daß Sie zunächst einen Arbeitsgang durchführen, der nur Mikrowellen benötigt, zum Beispiel wird die Butter bei Mikrowellenleistung 600 Watt in 1 Minute geschmeidig gemacht. Da es sich hier um einen trockenen Kuchen handelt, wird eine kleine Mikrowellenleistung, nämlich 90 Watt, zu der Ihnen bekannten klassischen Ober- und Unterhitze von 180–200° dazugeschaltet. So ist der Kuchen ohne Vorheizen in nur 30–35 Minuten gebacken. Das entspricht der Hälfte der konventionellen Backzeit. Mit der jeweils erstgenannten Kombination gelang mir das Gebäck am besten. Wenn Ihr Gerät diese Kombinationsmöglichkeit nicht hat, erzielen Sie mit der zweitgenannten (hier: Umluft mit 10–20° niedrigerer Temperatur) nahezu gleich gute Ergebnisse.

Näheres zur Auswahl der Beheizungsart und der entsprechenden Temperatureinstellung sowie zur Wahl der Mikrowellenleistung finden Sie auf den Seiten 10 und 11. Zusätzlich zu meinen Angaben sollten Sie jedoch berücksichtigen, daß die Leistung von Gerät zu Gerät unterschiedlich sein kann. Im Zweifelsfall sollten Sie daher zunächst eine etwas kürzere Backzeit wählen. Es ist besser, gegebenenfalls noch einige Minuten nachzugaren. Durch Überschreiten der optimalen Zeit riskieren Sie eventuell, daß das Gebäck austrocknet.

Die brillanten Farbfotos zeigen jedes Rezept in Farbe.
Ich hoffe, Sie werden so auch zum Ausprobieren neuer Gerichte ermutigt, denn Mikrowellen sollen Ihnen die Arbeit erleichtern und Backen zur Freude machen.
Um Ihnen für jeden Anlaß das geeignete Rezept anbieten zu können, habe ich das Buch in drei Abschnitte gegliedert. (Ein Register am Ende des Buches hilft Ihnen, Ihr Wunschrezept zu finden.)
Das Kapitel »Saftige Kuchen, die leicht gelingen« enthält viele verschiedene Obstkuchen mit saftigen Belägen. Hier finden Sie zum Beispiel die beliebten Donauwellen, herzhaften Zwetschgenkuchen und Gugelhupf in mehreren Rezepten. Torten wie die Möhren-Festtagstorte in drei Etagen, erfrischende Erdbeertorte oder weihnachtliches Gebäck bietet das Kapitel »Torten und Gebäck für besondere Anlässe«.
Auch auf herzhaftes Gebäck brauchen Sie nicht zu verzichten. Im Kapitel »Pikantes mit Gemüse, Fleisch und Fisch« haben Sie die Wahl zwischen einer Sauerkrautpirogge, Blätterteigtaschen mit Kalbsbrät, einer feinen Lachstarte und vielem anderen Verlockendem.

Auf welches Rezept Ihre Wahl auch fällt, ich wünsche Ihnen viel Freude beim Backen, gutes Gelingen und guten Appetit

Ihre
Sabine von Imhoff

Wichtiger Hinweis

Bevor Sie Ihr Mikrowellengerät in Betrieb nehmen, sollten Sie sich gründlich mit ihm vertraut machen. Beachten Sie bitte unbedingt die Gebrauchsanleitung des Herstellers und außer den hier genannten Hinweisen auch die Angaben auf den theoretischen Seiten dieses Buches. Beim Erhitzen von Flüssigkeiten kann es zu einem Siedeverzug kommen, das heißt, daß die Flüssigkeit erst zu brodeln anfängt, wenn das Gefäß aus dem Gerät genommen wird (Verbrennungsgefahr!). Deshalb die Flüssigkeit am besten nach der angegebenen Garzeit im Gerät noch ein wenig abkühlen lassen, oder mit einem Glasstäbchen im Gefäß erhitzen (das sorgt für eine gleichmäßigere Erwärmung). Wenn Sie Fragen haben und trotz aller Hinweise unsicher sind, wenden Sie sich am besten an die Beratungszentren Ihres Energieversorgungsunternehmens, an die Verbraucherzentrale in Ihrer Stadt oder an den Hersteller. Neue Geräte sind gesundheitlich unbedenklich. Es ist jedoch empfehlenswert, sie nach einiger Zeit auf Strahlendichtigkeit hin untersuchen zu lassen. Fragen Sie Ihren Fachhändler.

Backen mit Mikrowellen in den verschiedenen Geräten

Ober- und Unterhitze mit Mikrowellen kombiniert

Die klassische Ober- und Unterhitze kennen Sie von Ihrem Backofen. Durch die Kombination mit Mikrowellen verkürzen sich die Backzeiten bis zu 50% – und trotzdem wird das Gebäck schön braun. Vor allem für eher trockenes Gebäck wie Marmorkuchen oder Nußkuchen eignet sich diese Kombination besonders gut. Gebäck mit feuchten Zutaten wie aus Obst oder Sahne wird bei dieser Beheizungsart sehr saftig.
Gebäck, das an sich schon eine kurze Backzeit hat, wie Tortenböden aus Mürbeteig, sollten Sie nur mit Ober- und Unterhitze ohne Zuschaltung von Mikrowellen backen, sonst ist das Gebäck schon gar, bevor es braun ist.
Sie brauchen das Gerät nur dann vorzuheizen, wenn ich es in meinen Rezepten angebe oder wenn in der Gebrauchsanweisung zu Ihrem Gerät darauf hingewiesen wird. Wichtig: Niemals die Mikrowellen beim Vorheizen zuschalten!

Umluft mit Mikrowellen kombiniert

Durch den Einsatz von Umluft wird eine rasche und gleichmäßige Wärmeverteilung im Garraum erzielt. Die Kombination von Umluft und Mikrowellen eignet sich vor allem für feuchtes Gebäck, das Sie mit Obst belegt oder mit einem Guß überzogen haben. Für etwas trockeneres Gebäck ist diese Kombination weniger geeignet, da die umströmende Luft den Kuchen austrocknen kann. Sie brauchen das Gerät nur dann vorzuheizen, wenn ich es in meinen Rezepten angebe oder wenn in der Gebrauchsanweisung zu Ihrem Gerät darauf hingewiesen wird. Dabei niemals die Mikrowellen zuschalten! Zum gleichzeitigen Backen auf mehreren Ebenen eignet sich die Kombination Mikrowellen-Umluft nicht. Die Mikrowellen gelangen von oben oder von der Seite in den Garraum; so erreichen Sie kein gleichmäßiges Backergebnis.

Wattzahl: In den Rezepten wird die Mikrowellenleistung immer in Watt angegeben. Falls Sie diese Werte nicht direkt am Gerät ablesen können, finden Sie die nötigen Angaben entweder in der Gebrauchsanleitung oder erfahren sie direkt beim Hersteller. Ist die Wattleistung Ihres Gerätes geringer, wählen Sie die angegebene längere Garzeit. Ist sie höher, nehmen Sie die kürzere Garzeit.

Grill mit Mikrowellen kombiniert

Der Grill in Kombination mit Mikrowellen hat fürs Backen nur eine geringe Bedeutung. Für Speck-Zwiebelküchlein, Gemüsetörtchen oder Quark-Aprikosentörtchen backen Sie Torteletts oder Tortenböden ohne Mikrowellen und belegen diese einfach süß oder salzig. Die belegten Törtchen garen Sie dann mit Mikrowellen 360–600 Watt und schalten gleichzeitig den Grill zum Überbräunen sein. Sie brauchen nur dann vorzuheizen, wenn ich es in meinen Rezepten angebe oder wenn in der Gebrauchsanweisung zu Ihrem Gerät darauf hingewiesen wird. Dabei niemals Mikrowellen zuschalten!

Alle Beheizungsarten mit Mikrowellen kombiniert

Dieses Gerät bietet den höchsten Komfort. Denn es vereint alle zuvor beschriebenen Beheizungsarten mit Mikrowellen in einem Gerät.
Dementsprechend gelten hier auch die Hinweise zu den Geräten, die auf diesen Seiten beschrieben sind. Je nach Ausstattung schaltet ein solches Gerät nach der eingestellten Mikrowellenzeit auch die Beheizung aus, damit der Kuchen nicht anbrennt.

Geeignete Backformen für den Mikrowellenkombinationsbetrieb

Zubehörteile

Wichtiges Zubehör eines Mikrowellengerätes sind Roste, Bleche und Fettpfannen. Sie sind in der Regel aus Metall, nur die Fettpfanne kann auch aus Glas sein. Alle diese Zubehörteile sind vom Hersteller auf den Garraum und den Mikrowellenbetrieb abgestimmt. Richten Sie sich beim Einsatz dieser Teile unbedingt nach den Angaben des Geräteherstellers.
Einen »Blechkuchen« können Sie je nach Angaben im Rezept entweder auf dem Backblech oder in der Fettpfanne zubereiten. Das richtet sich nach dem Teig und vor allem nach dem Belag. So können Sie für flaches Gebäck das Blech nehmen, und für einen Kuchen mit Belag und Guß verwenden Sie die Fettpfanne. Bei einer Fettpfanne aus Glas können Sie den Bräunungsgrad von unten sehr gut erkennen.
Backformen setzen Sie auf die Mitte des Geräterostes und schieben sie mit dem Rost in das Gerät. Achten Sie darauf, daß die Form die Garraumwand nicht berührt, sonst könnte es zum Funkenflug im Gerät kommen und die Garraumwand beschädigt werden. Falls sich beim Backen auf dem Rost oder an der Form einmal Funken bilden, beeinträchtigt dies jedoch weder das Backergebnis noch beschädigt es das Gerät.

Backformen aus Metall

Beim Backen im kombinierten Betrieb – Mikrowellen mit Ober- und Unterhitze oder Umluft – habe ich mit Formen aus Metall die besten Ergebnisse erzielt. Die Mikrowellen gelangen beim Backen in diesen Formen auf genügend großer Fläche von oben an den Teig. Damit der Kuchen in der kurzen Garzeit auch schön gebräunt wird, sollten Sie eine Backform mit einer guten Wärmeleitfähigkeit auswählen. Das sind Formen aus Schwarzblech oder solche, die mit Silikon beschichtet sind. Nicht geeignet sind die Formen aus Weißblech, da die Wärme von diesen Backformen zu stark reflektiert wird. Der Kuchen wird dann nicht ausreichend gebräunt. Nur für Kastenkuchen sind die Metallformen nicht geeignet. Hier ist die Fläche, an der die Mikrowellen von oben in die Form eindringen können, ziemlich klein, die Seitenwände sind aber vergleichsweise hoch. So gehen Teige, die in diesen Formen gebacken werden, oft ungleichmäßig auf. Backen Sie daher diese Kuchen entweder in einer Glas- oder Kunststoffbackform oder in der Metallkastenform ohne Mikrowellen.
Die Backformen werden wie gewohnt vor dem Backen gefettet, eventuell mit Semmelbröseln ausgestreut oder mit Backtrennpapier ausgelegt. Stellen Sie die Backform auf den Geräterost und schieben Sie sie mit dem Rost in das Gerät. Achten Sie darauf, daß die Form die Garraumwand nicht berührt. Sonst könnte es zum Funkenflug im Gerät kommen und die Garraumwand beschädigen. Falls sich beim Backen auf dem Rost oder an der Form einmal Funken bilden, beeinträchtigt dies jedoch weder das Backergebnis noch beschädigt es das Gerät.

Beachten Sie, daß für den Mikrowellen-Kombinationsbetrieb die verwendeten Backformen **mikrowellengeeignet** und **hitzebeständig** sein müssen. Achten Sie hier auf die Angaben der Hersteller.

Backformen aus Glas und Kunststoff

Für das Backen im Mikrowellen-Kombinationsbetrieb müssen die Backformen aus Glas und Kunststoff nicht nur mikrowellengeeignet, sondern auch hitzebeständig sein. Achten Sie beim Kauf unbedingt darauf. Beachten Sie auch unbedingt die von den Herstellern angegebenen Höchsttemperaturen. Besonders die Kunststoffformen verfärben und verformen sich, wenn nur ein paar Grad zuviel eingestellt wurden. So ist es günstig, wenn Sie bei der Einstellung noch 5–10° unter der vom Hersteller angegebenen Höchsttemperatur bleiben. Die Wärmeleitung von Glas- und Kunststoffbackformen ist nicht sehr gut, daher wird das Gebäck, das Sie in solchen Backformen zubereiten, trotz des Kombinationsbetriebes nicht so schön gebräunt wie in Metallbackformen. Für einen Kastenkuchen sollten Sie allerdings nur eine Glas- oder Kunststofform auswählen.

Backformen aus Keramik

Für das Backen im Kombinationsbetrieb – Mikrowellen mit Ober- und Unterhitze oder Umluft – reicht es nicht aus, wenn die Backformen »backofenfest« sind, sie müssen auch mikrowellengeeignet sein. Bei Backformen aus Keramik bedeutet das, daß die Glasur beziehungsweise das Dekor der Backformen nicht aus metallhaltigem Material sein sollte. Es kann sonst durch Überhitzung abgelöst werden. Verwenden Sie nur Formen, die rundherum glasiert sind und vom Hersteller als »mikrowellengeeignet« ausgewiesen sind. Backen Sie in Keramikformen, müssen Sie eine geringere Bräunung in Kauf nehmen, denn die Wärmeleitung dieses Materials ist nicht so gut.

Besondere Tips für das Backen in der Mikrowelle

Butter geschmeidig machen
Butter aus dem Kühlschrank können Sie gleich in der (mikrowellengeeigneten) Rührschüssel, in der Sie den Teig zubereiten wollen, geschmeidig machen. 250 g Butter werden so bei Mikrowellenleistung 600 Watt in 1–1½ Minuten geschmeidig.

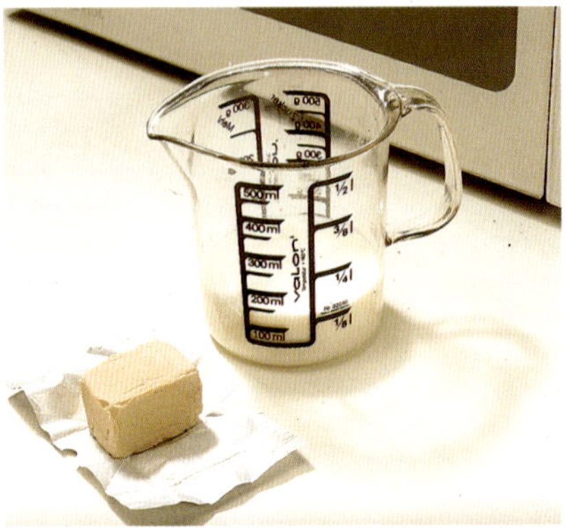

Milch anwärmen
Milch für den Hefeteig können Sie im Meßbecher erwärmen. ⅛ l Milch aus dem Kühlschrank bei Mikrowellenleistung 600 Watt ½–1 Minute erreicht so die gewünschte Temperatur von etwa 37°.

Honig geschmeidig machen
Bei Mikrowellenleistung 180 Watt können Sie 250 g kristallisierten Honig in 2–3 Minuten verflüssigen. Für den Teig machen Sie 250 g Butter und 100 g Honig zusammen in der Rührschüssel bei Mikrowellenleistung 600 Watt in 1–1½ Minuten geschmeidig.

Marmelade verflüssigen
Zum Bestreichen von Tortenböden geben Sie zum Beispiel 100 g Marmelade mit 2 Eßlöffeln Rum oder entsprechendem Likör in eine Schüssel. Bei Mikrowellenleistung 600 Watt 1–1½ Minuten flüssig machen.

Trockenfrüchte quellen lassen
250 g Trockenobst mit 3–4 Eßlöffeln Wasser begießen und geschlossen bei Mikrowellenleistung 600 Watt 2–3 Minuten quellen lassen. 100 g Rosinen mit 125 ccm Rum geschlossen bei Mikrowellenleistung 600 Watt 1–1½ Minuten einweichen.

Mandeln häuten
Geben Sie ⅛ l Wasser in eine mikrowellengeeignete Schüssel und bringen Sie es bei Mikrowellenleistung 600 Watt in 2 Minuten zum Kochen. Die Mandeln zufügen und ½ Minute bei Mikrowellenleistung 600 Watt erhitzen. Mandeln in ein Sieb abgießen und einfach abziehen.

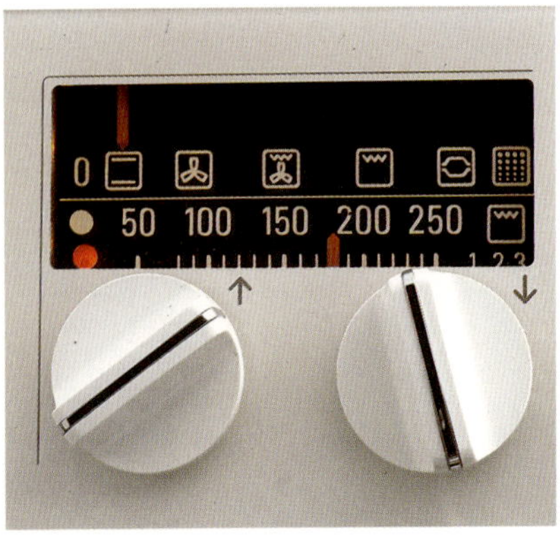

Temperaturwahl
Beim Backen wählen Sie zunächst die niedrigere der angegebenen Temperaturen und stellen sie später – wenn erforderlich etwas höher ein. Nur bei Kompaktgeräten gilt die höhere der angegebenen Temperaturen.

Wahl der Mikrowellenleistung
Zum Backen verwenden Sie kleine Mikrowellenleistungen: 180 Watt für feuchtes Gebäck mit Obst oder Sahne zubereitet. 90 Watt wählen Sie für etwas trockenere Gebäckarten wie Nuß- oder Schokoladenkuchen.

Schokolade schmelzen

100 g Schokolade in Stücken oder Fettglasur im Ganzen in einer mikrowellengeeigneten, hitzebeständigen Schüssel bei Mikrowellenleistung 360 Watt 3–4 Minuten schmelzen. Oft behält die geschmolzene Schokolade noch ihre Form, deshalb zweimal umrühren.

Gelatine auflösen

6 Blatt Gelatine mit kaltem Wasser im Meßbecher einweichen. Das Wasser abgießen und die tropfnasse Gelatine bei Mikrowellenleistung 600 Watt in 10–15 Sekunden flüssig werden lassen.

Backzeit

Stellen Sie die angegebene Beheizungsart zunächst mit der kürzeren Backzeit ein. Nach der Garprobe dann eventuell noch nachstellen. Vergessen Sie dabei nicht, die Mikrowellen erneut zu starten.

Wann ist der Kuchen gar?

Machen Sie nach Ablauf der zunächst kürzeren Backzeit mit einem Holzspießchen in der Mitte des Kuchens die Garprobe. Ein Biskuitteig ist fertig, wenn eine leicht eingedrückte Stelle wieder zurückgeht. Eventuell nachgaren, die Mikrowellen dabei erneut starten.

Fettpfanne als Backform

Für sogenannte Blechkuchen sollten Sie immer die zum Gerät gehörende Fettpfanne einsetzen. Diese nimmt durch ihre Tiefe Teig und Belag sehr gut auf, ohne daß etwas überläuft. Im Rezept finden Sie die Zutaten für die große Pfanne immer in der Klammer angegeben.

Backformen richtig stellen

Metallformen stellen Sie auf dem Rost so ins Gerät, daß die Form die Garraumwand **nicht** berührt. Es kann sonst zum Spannungsüberschlag im Gerät kommen, das heißt, es fängt an der Form an zu funken. Die Garrauminnenwand könnte dadurch beschädigt werden.

Pudding kochen

Manchmal wird Gebäck mit Pudding gefüllt oder bestrichen. ½ l Milch mit 1 Päckchen Vanillepuddingpulver und 2 Eßlöffeln Zucker in einer mikrowellengeeigneten Schüssel anrühren. Bei Mikrowellenleistung 600 Watt 6–7 Minuten aufkochen lassen. Zweimal kräftig umrühren.

Tortenguß zubereiten

Mischen Sie das Tortengußpulver mit 2 Eßlöffeln Zucker und rühren es mit etwas Flüssigkeit an, so daß keine Klümpchen mehr vorhanden sind. In den Meßbecher geben und auf ¼ l auffüllen, gut durchrühren. Bei Mikrowellenleistung 600 Watt 3–4 Minuten aufkochen und nochmals kräftig umrühren.

Backen im Mikrowellen-Kombinationsgerät

Die richtige Einschubhöhe

Damit der Kuchen gleichmäßig braun und gar wird, müssen Sie ihn in die richtige Schiene des Gerätes schieben. Die Einschubhöhe ist vom Aufbau und der Größe Ihres Gerätes abhängig. Ich habe bei allen Gebäcken für den Rost, das Backblech oder die Fettpfanne die erste Einschubhöhe von unten angegeben. Beachten Sie aber auch zum Vergleich die Angaben ähnlicher Rezepte des Geräteherstellers.
Je nach Größe des Gerätes haben Sie bei einem kleinen Kompaktgerät oder einem Herd beziehungsweise Backofen mit integrierter Mikrowelle unterschiedlich viele Einschubleisten. Das Kompaktgerät hat 3–4, der Herd und der Backofen haben jeweils 5 Einschubleisten.

Die »untere Schiene« beim Kompaktgerät und beim Backofen bedeutet: Das Backblech oder die Fettpfanne wird in die erste Einschubhöhe von unten eingeschoben. Dies gilt auch für einen Kuchen, den Sie in der Springform auf dem Rost einschieben.

Die richtige Temperatur

Neben den guten Ausgangsprodukten ist auch die sachgemäße Zubereitung der verschiedenen Teige ausschlaggebend für ein gutes Ergebnis. Gerade beim Backen spielt die Temperatureinstellung eine große Rolle. Die Rezepte in diesem Buch, bei denen ich das Vorheizen angebe, sind besser im vorgeheizten Gerät gelungen. Es sind Teige mit einer kurzen Garzeit, die in dieser Zeit auch die nötige Bräunung erreichen sollen. Wenn Sie nicht vorheizen, verlängert sich die Backzeit um etwa 5–10 Minuten. Umgekehrt könnten Sie einen Gugelhupf etwa 5–10 Minuten eher herausnehmen, wenn Sie ihn entgegen der Angabe in ein vorgeheiztes Gerät schieben.

Je nach Gebäckart können Sie individuell den Kuchen mit Ober- und Unterhitze oder Umluft zubereiten. Trockeneres Gebäck wie Gugelhupf und Bisquit fordern hauptsächlich die Ober- und Unterhitze. Feuchtere Teige mit Sahne oder Obst können auch mit Umluft gebacken werden.

Die richtigen Mikrowellen-Leistungsstufen

Je nach Gebäckart sollten Sie die Mikrowellenleistungen individuell abstimmen. Teige mit feuchten Zutaten vertragen eine höhere Mikrowellenleistung als solche mit trockenen. Plätzchen und trockene Kleingebäckarten haben konventionell zubereitet schon eine kurze Backzeit. Hier sollten Sie auf das Zuschalten von Mikrowellen verzichten, da dieses Gebäck sonst austrocknet. Sie können auch einen Mürbeteigboden konventionell vorbacken und mit einem feuchten Belag aus Obst oder Gemüse mit Eiersahneguß in sehr kurzer Zeit mit Beheizung und höherer Mikrowellenleistung fertigbacken.

Ein Gugelhupf oder Bisquitboden ist eine trockenere Gebäckart. Wählen Sie daher bevorzugt Ober- und Unterhitze aus und schalten nur etwa 75–90 Watt Mikrowellenleistung dazu. So verkürzt sich die Backzeit um 30–50%. Beim Bisquitboden empfiehlt es sich sogar, vorzuheizen.

Zusätzliche Anwendung beim Backen

Das Gerät kommt bereits bei der Vor- beziehungsweise Zubereitung des Teigs zum Einsatz. Viele Tips finden Sie auf den Seiten 10 und 11. Wenn der Kuchen fertig gebacken ist, findet das Mikrowellengerät wieder seinen Einsatz zum Erwärmen oder zum Auftauen von Gebäck. Vorsicht bei Gebäck mit Obstfüllung oder -belag: Das Obst erwärmt sich wegen der Feuchtigkeit schneller und ist dann sehr heiß, während der Teig gerade richtig ist. Deshalb am besten Gebäck in kleinen Stücken einfrieren und auftauen. Genauere Angaben finden Sie in den Tabellen auf Seite 76.

Biskuit waagerecht teilen: Markieren Sie mit einem scharfen Messer rundherum die gewünschte Dicke der einzelnen Böden. Dann ziehen Sie einen genügend langen Bindfaden durch den Kuchen. Mit Schokolade oder fertiger Zitronenglasur überziehen, die Sie bei 360 Watt in kurzer Zeit je nach Menge schmelzen.

Eine Ausnahme machen die Gugelhupfformen; sie sind zu hoch und werden deshalb mit dem Rost auf den Geräteboden gestellt.

Im Gegensatz zum konventionellen Backen mit Umluft können Sie mit der Kombination Umluft und Mikrowellen nicht auf mehreren Ebenen backen, da sich die Mikrowellen ungleichmäßig verteilen und die Kuchen nicht gelingen.

Die Anwendung von Ober- und Unterhitze erfordert eine um 10–20° höhere Temperatureinstellung gegenüber dem konventionellen Betrieb. Beim Herd ist die Temperatur etwa um 10°, beim Kompaktgerät um 20° erhöht, dafür verkürzt sich auch beim Backen im Herd die Zeit etwas.

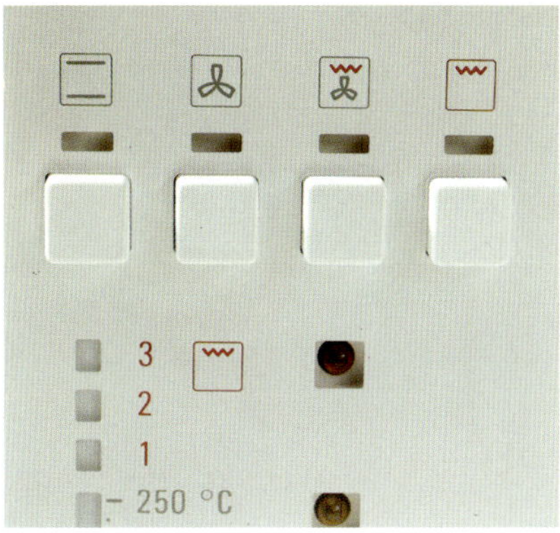

Verwenden Sie als Beheizungsart die Umluft, stellen Sie gegenüber der Ober- und Unterhitze eine um 10–20° niedrigere Temperatur ein. Durch das Umwälzen der warmen Luft findet eine bessere Wärmeübertragung statt. So brauchen Sie bei dieser Beheizungsart dann auch nicht vorzuheizen.

Einen Obst- oder Käsekuchen können Sie bei Mikrowellenleistung 150–180 Watt etwa in der Hälfte der Zeit wie konventionell zubereiten. 300–360 Watt eignen sich für das Garen von Belägen auf fertigen Tortenböden. Eine Eiermasse beispielsweise braucht dann nur zu stocken und leicht zu bräunen.

Verwenden Sie am besten Backformen aus Schwarzblech oder solche mit Silikonbeschichtung. Gugelhupf- und Springformen aus diesen Materialien sind am besten geeignet. Die Mikrowellen dringen von oben ein und garen die Kuchen schneller. Durch die gute Wärmeleitung der Form wird der Kuchen schön gebräunt.

Einige Gebäckarten wie gefüllte Krapfen oder Apfelstrudel schmecken warm am besten. Wenn Sie ein Stück Kuchen bei 600 Watt in 10–20 Sekunden erwärmen, schmeckt es wie frisch zubereitet. Möchten Sie mehrere Stücke gleichzeitig erwärmen, wählen Sie nur 360 Watt und verlängern die Zeit etwas.

Frieren Sie Gebäck, am besten stückweise, auf Vorrat ein. 500 g Kuchen lassen sich bei Mikrowellenleistung 180 Watt in 9–13 Minuten auftauen; lassen Sie das Gebäck bei Raumtemperatur noch einige Minuten nachtauen. Sahnetortenstückchen nur mit Mikrowellenleistung 90 Watt in 5–10 Minuten auf- und nachtauen lassen.

Saftige Kuchen, die leicht gelingen

In diesem Kapitel finden Sie viele Lieblingskuchen vom Blech oder aus der Form. Saftige Obstkuchen mit den Früchten der Saison sind genauso vertreten wie köstlich gefüllte Biskuit- oder Rührkuchen aus Teigen, die mit Nüssen, Schokolade oder anderen wertvollen Ingredienzien verfeinert sind. Oder sie erhalten eine luftige Haube oder einen feinen Guß. Und immer gebe ich Ihnen Hinweise, wie Ihnen die Mikrowellen die Arbeit noch weiter erleichtern. Der Pudding für die Donauwellen, die auf dieser Seite abgebildet sind, kocht sich im Mikrowellengerät in wenigen Minuten sozusagen von selbst. Das Rezept für die Donauwellen finden Sie auf Seite 24.

Köstliche Quarkkuchen

Ob als feine Quarktorte oder als Quark-Apfelkuchen

Feine Quarktorte

im Bild vorne

Zutaten für eine Springform aus Schwarzblech von 26 cm ∅:
Für die Form: Butter
Für den Teig:
200 g Mehl · 1 Teel. Backpulver
75 g Zucker · 75 g Butter · 1 Ei
Für den Belag:
500 g Quark · 1 Ei · 200 g Zucker · 100 ccm Maiskeimöl
1 Päckchen Vanille-Puddingpulver (zum Kochen)
250 g Sahne · ⅛ l Milch

Klassisches Rezept

Bei 12 Stücken etwa:
1800 kJ/430 kcal pro Stück
Vorbereitungszeit: 20 Minuten

	Einstellung	Garzeit/ Minuten
Mikrowellen mit Ober- und Unterhitze	180 Watt 180–200°	40–45
oder		
Mikrowellen mit Umluft	180 Watt 160–180°	40–45

Die Form buttern • Für den Teig das Mehl mit dem Backpulver, dem Zucker, der Butter und dem Ei zu einem geschmeidigen Mürbeteig verkneten. • Zwei Drittel des Teiges auf dem Boden der Springform ausrollen, aus dem restlichen Teig einen Rand formen. Den Boden mit der Gabel mehrmals einstechen und den Teig kaltstellen. • Für den Belag den Quark, das Ei, den Zucker, das Maiskeimöl, das Vanille-Puddingpulver, die Sahne und die Milch sehr gut zu einer glatten Masse verrühren. Die Quarkcreme auf dem Mürbeteigboden verteilen. • Die Form auf dem Rost in die untere Schiene des Gerätes schieben. Bei Mikrowellenleistung 180 Watt mit Ober- und Unterhitze 180–200° 40–45 Minuten backen.

Mein Tip: Die Quarkmasse ist sehr locker. Schneiden Sie die Torte deshalb erst an, wenn sie ausgekühlt ist.

Quark-Apfelkuchen

im Bild hinten

Zutaten für eine Springform aus Schwarzblech von 26 cm ∅:
Für die Form:
Butter und Semmelbrösel
100 g Butter · 170 g Zucker
1 Päckchen Vanillinzucker
3 Eier · 250 g Quark
1 Eßl. Zitronensaft · 150 g Mehl
1 gestrichener Teel. Backpulver
10 g Rosinen · 500 g Äpfel
20 g gehobelte Haselnüsse

Gelingt leicht

Bei 12 Stücken etwa:
1000 kJ/240 kcal pro Stück
Vorbereitungszeit: 20 Minuten

	Einstellung	Garzeit/ Minuten
Nur Mikrowellen	600 Watt	½
Mikrowellen mit Ober- und Unterhitze	90 Watt 190–210°	32–35
oder		
Mikrowellen mit Umluft	90 Watt 170–190°	32–35
Gesamtgarzeit		32½–35½

Die Form buttern und mit Semmelbröseln ausstreuen. • Die Butter in einem mikrowellengeeigneten Gefäß bei Mikrowellenleistung 600 Watt in ½ Minute geschmeidig werden lassen. • Die Butter mit 150 g Zucker und dem Vanillinzucker sehr schaumig schlagen. Die Eier nach und nach dazugeben. Den Quark und den Zitronensaft unterrühren. Das Mehl und das Backpulver mischen und mit den Rosinen unter die Schaummasse heben. • Die Quarkmasse in die Form füllen und glattstreichen. • Die Äpfel waschen, schälen, entkernen, in Spalten schneiden und auf dem Teig fächerförmig verteilen. Die Haselnüsse und den restlichen Zucker darüber streuen. Den Kuchen auf dem Rost in die untere Schiene geben und bei Mikrowellenleistung 90 Watt mit Ober- und Unterhitze 190–210° 32–35 Minuten backen.

Quarkbrötchen

Schnell zubereitet fürs Sonntagsfrühstück

Zutaten für 10 kleine Brötchen:
Für das Blech:
Backtrennpapier oder Butter
30 g Butter · 20 g Zucker
250 g Quark · 280 g Mehl
½ Päckchen Backpulver
1 Eigelb · 1 Eßl. Sahne · 1 Eßl. Leinsamen · 1 Eßl. Sesamsamen

Preiswert

Pro Stück etwa: 750 kJ/180 kcal
Vorbereitungszeit: 15 Minuten

	Einstellung	Garzeit/ Minuten
Nur Mikrowellen	600 Watt	¼
Mikrowellen mit Ober- und Unterhitze	90 Watt 200–220°	13–18
oder		
Mikrowellen mit Umluft	90 Watt 180–200°	13–18
Gesamtgarzeit		13¼–18¼

Das Backblech mit Backtrennpapier auslegen oder buttern. • Die Butter in einer mikrowellengeeigneten Rührschüssel bei Mikrowellenleistung 600 Watt in ¼ Minute geschmeidig werden lassen. • Das Gerät ohne Zuschaltung von Mikrowellen auf 200° vorheizen. • Die Butter mit dem Zucker schaumig rühren. Den Quark hinzufügen und alles zu einer glatten Creme verschlagen. Das Mehl mit dem Backpulver mischen und unterrühren. Der Teig sollte noch etwas kleben. • Die Arbeitsfläche mit Mehl bestäuben. Den Teig mit bemehlten Händen zu einer Rolle formen. Die Rolle in 10 Stücke schneiden, diese zu Brötchen formen und auf das Backblech setzen. • Das Eigelb mit der Sahne verrühren, die Brötchen bestreichen und mit den Lein- und den Sesamsamen bestreuen. Die Brötchen in der unteren Schiene bei Mikrowellenleistung 90 Watt mit Ober- und Unterhitze 200–220° in 13–18 Minuten goldgelb backen.

Zucchini-Nußkuchen

Wird durch die Zucchini sehr saftig

Zutaten für eine Springform aus Schwarzblech von 26 cm ∅:
Für die Form: Butter
350 g Zucchini · 350 g Zucker
¼ l Maiskeimöl · 2 Eßl. Kirschwasser · 3 Eier · 1 Prise Salz
½ Teel. Muskatnuß, frisch gerieben · ¼ Teel. gemahlene Nelken · 2 Teel. Zimtpulver
300 g Mehl · 200 g gemahlene Haselnüsse · 2 gehäufte Teel. Backpulver · Puderzucker zum Bestäuben · 1 Eßl. gehackte Pistazien

Preiswert

Bei 16 Stücken etwa:
1700 kJ/400 kcal pro Stück
Vorbereitungszeit: 25 Minuten

	Einstellung	Garzeit/ Minuten
Mikrowellen mit Umluft	180 Watt 160–180°	30–35
oder		
Mikrowellen mit Ober- und Unterhitze	180 Watt 180–200°	30–35

Die Form buttern. • Die Zucchini waschen, fein raspeln und in eine Rührschüssel geben. Den Zucker, das Maiskeimöl, das Kirschwasser, die Eier, das Salz, die Muskatnuß, die gemahlenen Nelken und das Zimtpulver dazugeben und alles vermengen. • Das Mehl mit den Haselnüssen und dem Backpulver mischen und unter die Zucchinimasse rühren. • Den Teig in die Springform füllen. • Den Kuchen auf dem Rost in die untere Schiene des Gerätes schieben. Bei Mikrowellenleistung 180 Watt mit Umluft 160–180° 30–35 Minuten backen. • Den Kuchen auf einem Kuchengitter auskühlen lassen, mit Puderzucker bestäuben und mit den gehackten Pistazien bestreuen.

Mein Tip: Der Kuchen ist sehr saftig durch die Zucchini, schmeckt aber wie ein Gewürzkuchen.

Gugelhupf mit Kakao und Schokolade

Zwei klassische Kuchen – immer wieder köstlich

Schokoladenkuchen

im Bild links

Zutaten für 1 Gugelhupfform
aus Schwarzblech von 21 cm Ø:
Für die Form:
Butter und Semmelbrösel
200 g Butter · 200 g Zucker
4 Eier · 200 g Blockschokolade
120 g Mehl
150 g Zartbitterkuvertüre

Klassisches Rezept

Bei 18 Stücken etwa:
1200 kJ/290 kcal pro Stück
Vorbereitungszeit: 20 Minuten

	Einstellung	Garzeit/ Minuten
Nur Mikrowellen	600 Watt	½– 1
Nur Mikrowellen	360 Watt	3– 4
Mikrowellen mit Ober- und Unterhitze	90 Watt 170–190°	32–35
oder		
Mikrowellen mit Umluft	90 Watt 150–170°	
Nur Mikrowellen	360 Watt	3– 4
Gesamtgarzeit		38½–44

Die Form buttern und mit Semmelbröseln ausstreuen. • Die Butter in einer mikrowellengeeigneten Rührschüssel bei Mikrowellenleistung 600 Watt in ½–1 Minute geschmeidig werden lassen. • Mit dem Zukker zu einer Schaummasse rühren. • Die Eier trennen. Die Eiweiße steif schlagen. Die Eigelbe unter die Schaummasse mischen. • Die Schokolade bei Mikrowellenleistung 360 Watt in 3–4 Minuten schmelzen, dabei zweimal umrühren, und mit der Schaummasse verrühren. Das Mehl unterrühren und den Eischnee unterheben. • Den Teig in die Form füllen und auf dem Rost in der unteren Schiene bei Mikrowellenleistung 90 Watt mit Ober- und Unterhitze 170–190° 32–35 Minuten backen. • Den Kuchen abkühlen lassen. • Die Schokoladenkuvertüre bei Mikrowellenleistung 360 Watt in 3–4 Minuten schmelzen. Den Kuchen damit überziehen und garnieren.

Marmorkuchen

im Bild rechts

Zutaten für 1 Gugelhupfform
aus Schwarzblech von 21 cm Ø:
Für die Form:
Butter und Semmelbrösel
250 g Butter · 250 g Zucker
5 Eier · abgeriebene Schale von
1 unbehandelten Zitrone
125 g Mehl · 75 g Speisestärke
1 gestrichener Teel. Backpulver
10 g Backkakao

Preiswert

Bei 18 Stücken etwa:
940 kJ/220 kcal pro Stück
Vorbereitungszeit: 15 Minuten

	Einstellung	Garzeit/ Minuten
Nur Mikrowellen	600 Watt	1
Mikrowellen mit Ober- und Unterhitze	90 Watt 170–190°	32–35
oder		
Mikrowellen mit Umluft	90 Watt 150–170°	
Gesamtgarzeit		33–36

Die Form buttern und mit Semmelbröseln ausstreuen. • Die Butter in einer mikrowellengeeigneten Rührschüssel bei Mikrowellenleistung 600 Watt in 1 Minute geschmeidig werden lassen. • Die Butter mit dem Zucker zu einer Schaummasse rühren. Nach und nach die Eier dazugeben. Die Zitronenschale, das Mehl, die Speisestärke und das Backpulver mischen und unterheben. • Zwei Drittel des Teiges in die Form füllen. Den Backkakao unter den restlichen Teig rühren und diesen ebenfalls in die Form geben. Mit einer Gabel den hellen und den dunklen Teig spiralenförmig vermischen. • Den Kuchen auf den Rost in die untere Schiene geben und bei Mikrowellenleistung 90 Watt mit Ober- und Unterhitze 170–190° 32–35 Minuten backen.

Napfkuchen mit Nüssen

Werden mit Cognac oder Pistazien verfeinert

Gugelhupf mit Pistazien

im Bild links

Zutaten für 1 Gugelhupfform aus Schwarzblech von 21 cm Ø:

Für die Form:
- Butter und Semmelbrösel
- 250 g Butter · 250 g Puderzucker
- 5 Eier · 25 g gehackte Pistazien
- 125 g gemahlene Haselnüsse
- 125 g Mehl · 1 gestrichener Teel. Backpulver
- Puderzucker zum Bestäuben

Gelingt leicht

Bei 20 Stücken etwa:
980 kJ/230 kcal pro Stück
Vorbereitungszeit: 20 Minuten

	Einstellung	Garzeit/Minuten
Nur Mikrowellen	600 Watt	1
Mikrowellen mit Ober- und Unterhitze	90 Watt 190–200°	30–35
oder		
Mikrowellen mit Umluft	90 Watt 170–180°	
Gesamtgarzeit		31–36

Die Form buttern und mit Semmelbröseln ausstreuen. • Die Butter in einer mikrowellengeeigneten Rührschüssel bei Mikrowellenleistung 600 Watt in 1 Minute geschmeidig werden lassen. Mit dem Puderzucker sehr schaumig schlagen. Nach und nach die Eier dazugeben. Die Pistazien und die Haselnüsse unterrühren. Das Mehl mit dem Backpulver mischen und mit einem Schneebesen unterheben. • Den Teig in die Form füllen und auf den Rost in der unteren Schiene des Gerätes bei Mikrowellenleistung 90 Watt mit Ober- und Unterhitze 190–200° 30–35 Minuten backen. • Die Garprobe machen. Den Kuchen aus dem Gerät nehmen und einige Minuten in der Form abkühlen lassen. • Den Kuchen stürzen und nach dem Erkalten mit Puderzucker bestäuben.

Mein Tip: Verwenden Sie statt Haselnüssen Mandeln.

Gugelhupf mit Cognac

im Bild rechts

Zutaten für 1 Gugelhupfform aus Schwarzblech von 21 cm Ø:

Für die Form:
- Butter und Semmelbrösel
- 250 g Butter · 375 g Zucker
- 1/8 l Cognac · 6 Eier
- 250 g gemahlene Haselnüsse
- 250 g Mehl · 2 Eßl. Kakao
- 1½ Päckchen Backpulver

Gelingt leicht

Bei 18 Stücken etwa:
1600 kJ/380 kcal pro Stück
Vorbereitungszeit: 20 Minuten

	Einstellung	Garzeit/Minuten
Nur Mikrowellen	600 Watt	1
Mikrowellen mit Ober- und Unterhitze	90 Watt 180–200°	30–35
oder		
Mikrowellen mit Umluft	90 Watt 160–180°	
Gesamtgarzeit		31–36

Die Form buttern und mit Semmelbröseln ausstreuen. • Die Butter in einer mikrowellengeeigneten Rührschüssel bei Mikrowellenleistung 600 Watt in 1 Minute geschmeidig werden lassen. Mit dem Zucker sehr schaumig schlagen. Nach und nach den Cognac und die Eier dazugeben. Die Haselnüsse mit dem Mehl, dem Kakao und dem Backpulver mischen und mit der Schaummasse verrühren. • Den Teig in die Form füllen und auf dem Rost in die untere Schiene des Gerätes schieben. Bei Mikrowellenleistung 90 Watt mit Ober- und Unterhitze 180–200° 30–35 Minuten backen. • Die Garprobe machen. Den Kuchen aus dem Gerät nehmen und einige Minuten in der Form abkühlen lassen, dann den Kuchen stürzen.

Mein Tip: Rühren Sie 150 g gesiebten Puderzucker mit 2–3 Eßlöffeln Cognac glatt und überziehen damit den Kuchen.

Saftige Obstkuchen, die leicht gelingen

In kleinen Formen zubereitet, fein für die kleine Kaffeetafel

Ananas-Mandarinenkuchen

im Bild links

Zutaten für eine Springform aus Schwarzblech von 20 cm ∅:
Für die Form: Butter
125 g Ananasringe aus der Dose · 175 g Mandarinen aus der Dose · 125 g weiche Butter
125 g Zucker · 1 unbehandelte Zitrone · 2 Eier · 125 g Mehl
50 g Mandelstifte
1 Päckchen Vanillinzucker

Gut vorzubereiten

Bei 8 Stücken etwa:
1400 kJ/330 kcal pro Stück
Vorbereitungszeit: 20 Minuten

	Ein-stellung	Garzeit/ Minuten
Mikrowellen mit Ober- und Unterhitze	180 Watt 180–200°	25–30
oder		
Mikrowellen mit Umluft	180 Watt 160–180°	25–30
Gesamtgarzeit		25–30

Die Form buttern. • Die Ananasringe und die Mandarinen in einem Sieb abtropfen lassen. • Die Butter und den Zucker rühren, bis eine weißschaumige Creme entsteht. Die Zitrone waschen, abtrocknen und die Schale abreiben. Die Schale und die Eier nach und nach unter die Creme mischen. Das Mehl unterrühren. • Die Hälfte des Teiges in die Springform füllen und mit den Ananasringen belegen. Die Zwischenräume sehr dicht mit den Mandarinen ausfüllen. Den restlichen Teig auf dem Obst verteilen. • Die Mandelstifte und den Vanillinzucker darüber streuen. • Den Kuchen mit dem Rost in die untere Schiene des Gerätes geben und bei Mikrowellenleistung 180 Watt mit Ober- und Unterhitze 180–200° 25–30 Minuten backen.

Kiwikuchen

im Bild rechts

Zutaten für eine Springform aus Schwarzblech von 18 cm ∅:
Für die Form: Backtrennpapier
100 g Butter · 1 Päckchen Vanillinzucker · 3 große Kiwis
75 g Zucker · 2 Tropfen Zitronenbacköl · 1 Ei
25 g gehackte Pistazien
75 g Mehl · 100 g Sahne

Gut vorzubereiten

Bei 6 Stücken etwa:
1300 kJ/310 kcal pro Stück
Vorbereitungszeit: 20 Minuten

	Ein-stellung	Garzeit/ Minuten
Nur Mikrowellen	600 Watt	1
Mikrowellen mit Ober- und Unterhitze	90 Watt 200–220°	25–30
oder		
Mikrowellen mit Umluft	90 Watt 180–200°	25–30
Gesamtgarzeit		26–31

Den Boden der Form mit Backtrennpapier auslegen. • Die Butter bei Mikrowellenleistung 600 Watt in einer mikrowellengeeigneten Rührschüssel in 1 Minute geschmeidig werden lassen. 1 Eßlöffel davon auf das Backtrennpapier und den Rand der Form streichen und mit der Hälfte des Vanillinzuckers bestreuen. • Die Kiwis schälen und in Scheiben auf dem Boden der Form verteilen. • Die restliche Butter mit dem Zucker, dem Backöl und dem Ei schaumig rühren. Die Pistazien mit dem Mehl unterrühren. • Die Sahne mit dem restlichen Vanillinzucker steif schlagen. 2 Eßlöffel unter den Teig rühren, den Rest kühl stellen. • Den Teig auf den Kiwis verteilen. • Auf dem Rost in der unteren Schiene bei Mikrowellenleistung 90 Watt mit Ober- und Unterhitze 200–220° 25–30 Minuten backen. • Den Kuchen stürzen und auskühlen lassen. Dann mit Sahnetupfen verzieren.

Kleiner Gugelhupf – besonders fein

Mit Schokolade und Marzipan oder Kirschen

Schokoladengugelhupf

im Bild links

Zutaten für 1 Gugelhupfform aus Schwarzblech von 16 cm Ø:
Für die Form:
Butter und Semmelbrösel
125 g Butter · 50 g Marzipan-Rohmasse · 75 g Zucker
3 Eier · 50 g Crème fraîche
80 g Mehl · 40 g Speisestärke
1 Teel. Backpulver
100 g Raspelschokolade
100 g Nougat-Kuchenglasur

Preiswert

Bei 14 Stücken etwa:
1000 kJ/240 kcal pro Stück
Vorbereitungszeit: 15 Minuten

	Einstellung	Garzeit/ Minuten
Nur Mikrowellen	600 Watt	½
Mikrowellen mit Ober- und Unterhitze	90 Watt 180–200°	25–30
oder		
Mikrowellen mit Umluft	90 Watt 160–180°	25–30
Nur Mikrowellen	360 Watt	2– 4
Gesamtgarzeit		27½–34½

Die Form buttern und mit Semmelbröseln ausstreuen. • Die Butter mit dem Marzipan in einer mikrowellengeeigneten Rührschüssel bei Mikrowellenleistung 600 Watt in ½ Minute geschmeidig werden lassen. • Den Zucker dazugeben und alles zu einer weißschaumigen Creme verrühren. Nach und nach die Eier und die Crème fraîche dazugeben. Das Mehl, die Speisestärke, das Backpulver und die Raspelschokolade vermischen und unter die Schaummasse rühren. Den Teig in die Form füllen. • Den Gugelhupf auf dem Rost in die untere Schiene geben und bei Mikrowellenleistung 90 Watt mit Ober- und Unterhitze 180–200° 25–30 Minuten backen. • Den Kuchen auskühlen lassen. • Die Nougat-Glasur bei Mikrowellenleistung 360 Watt in 2–4 Minuten schmelzen und den Kuchen damit überziehen. Nach Belieben den Kuchen verzieren, beispielsweise mit weißen Schokoladenherzchen.

Kirschgugelhupf

im Bild rechts

Zutaten für 1 Gugelhupfform aus Schwarzblech von 16 cm Ø:
Für die Form:
Butter und Semmelbrösel
300 g Kirschen aus dem Glas
125 g Butter · 125 g Zucker
2 Eier · 2 Eßl. Rum · 100 g Mehl
50 g Speisestärke
1 Teel. Backpulver

Preiswert

Bei 14 Stücken etwa: 730 kJ/ 170 kcal pro Stück
Vorbereitungszeit: 15 Minuten

	Einstellung	Garzeit/ Minuten
Nur Mikrowellen	600 Watt	½
Mikrowellen mit Ober- und Unterhitze	90 Watt 180–200°	30–35
oder		
Mikrowellen mit Umluft	90 Watt 160–180°	30–35
Gesamtgarzeit		30½–35½

Die Form buttern und mit Semmelbröseln ausstreuen. • Die Kirschen in einem Sieb abtropfen lassen. • Die Butter in einer mikrowellengeeigneten Rührschüssel bei Mikrowellenleistung 600 Watt in ½ Minute geschmeidig werden lassen. • Die Butter mit dem Zucker zu einer weißschaumigen Creme rühren. Nach und nach die Eier und den Rum dazugeben. Das Mehl, die Speisestärke und das Backpulver mischen und unter die Schaummasse rühren. Die Kirschen unterziehen und den Teig in die Form füllen. • Auf dem Rost in der unteren Schiene des Gerätes bei Mikrowellenleistung 90 Watt mit Ober- und Unterhitze 180–200° 30–35 Minuten backen.

Kirschkuchen mit Baiserhaube

Ein dünner mürber Teig mit sehr vielen Kirschen

Zutaten für eine Springform aus Schwarzblech von 26 cm ∅:
Für die Form: Butter
150 g Mehl · 50 g Speisestärke
1½ Teel. Backpulver · 190 g Zucker · 1 Päckchen Vanillinzucker · 100 g Butter · 3 Eier
2 Gläser Kirschen (Abtropfgewicht pro Glas 370 g)
50 g gemahlene Mandeln

Preiswert

Bei 12 Stücken etwa:
1200 kJ/290 kcal pro Stück
Vorbereitungszeit: 50 Minuten

	Einstellung	Garzeit/ Minuten
Mikrowellen mit Umluft	180 Watt 160°	30–35
oder		
Mikrowellen mit Ober- und Unterhitze	180 Watt 180°	30–35

Die Form sehr gut buttern. • Das Mehl mit der Speisestärke, dem Backpulver, 100 g Zucker, dem Vanillinzucker und der Butter in eine Rührschüssel geben. Die Eier trennen, die Eiweiße kalt stellen. Die Eigelbe in die Rührschüssel geben und alle Zutaten verkneten. Den Teig 30 Minuten kühl stellen. • Dann die Kirschen abtropfen lassen. • Die Eiweiße steif schlagen, den restlichen Zucker nach und nach einrieseln lassen. Die Mandeln unterheben. • Zwei Drittel des Teigs auf dem Boden der Form ausrollen. Aus dem restlichen Teig einen Rand formen. Den Teigboden mit einer Gabel mehrmals einstechen. Die Kirschen in die Form füllen und die Eischneemasse darauf verteilen. • Auf dem Rost in die untere Schiene des Gerätes schieben. Bei Mikrowellenleistung 180 Watt mit Umluft 160° 30–35 Minuten backen, bis die Oberfläche schön gebräunt ist.

Mein Tip: Soll es mal schnell gehen, verteilen Sie die Kirschen und die Baisermasse auf einen fertigen Mürbeteigboden. Überbräunen Sie das Ganze 8–10 Minuten mit höchster Grillstufe und Mikrowellenleistung 180 Watt.

Kirschkuchen mit dunklem Teig

Schokolade, Nüsse und Nougat geben besonderen Geschmack

Schokoladen-Kirschkuchen

im Bild links

Zutaten für eine Springform aus Schwarzblech von 26 cm ∅:
Für die Form: Butter
600 g Sauerkirschen · 200 g Butter · 180 g Zucker · 1 Teel. Zimtpulver · 4 Eier · 3 Eßl. Rum
125 g Mehl · 1 Päckchen Backpulver · 125 g Mandelblättchen
100 g Raspelschokolade
Puderzucker zum Bestäuben

Gelingt leicht

Bei 12 Stücken etwa:
1600 kJ/380 kcal pro Stück
Vorbereitungszeit: 20 Minuten

	Einstellung	Garzeit/ Minuten
Mikrowellen mit Umluft	180 Watt 160–180°	25–30
oder		
Mikrowellen mit Ober- und Unterhitze	180 Watt 180–200°	

Die Form buttern. • Die Kirschen waschen und entsteinen. • Die Butter mit dem Zucker und dem Zimtpulver sehr schaumig rühren. Die Eier mit dem Rum nach und nach untermischen. Das Mehl mit dem Backpulver mischen und unterrühren. Die Mandelblättchen mit der Raspelschokolade unterheben. • Ein Drittel des Teiges in der Form verteilen. • Die Kirschen mit dem restlichen Teig vermischen und ebenfalls in die Form geben. Den Kuchen auf dem Rost in die untere Schiene des Gerätes schieben. Bei Mikrowellenleistung 180 Watt mit Umluft 160–180° 25–30 Minuten backen, bis er gebräunt ist. • Den abgekühlten Kuchen mit Puderzucker bestäuben.

Mein Tip: Statt der frischen Kirschen können Sie auch Kirschen aus dem Glas verwenden.

Kirsch-Nougatkuchen

im Bild rechts

Zutaten für die Fettpfanne von 25×35 cm (35×40 cm):
Für die Form: Butter
1 (1,5) kg Kirschen
200 (300) g Butter · 140 (200) g Nougat · 100 (150) g Zucker
4 (6) Eier · 200 (300) g saure Sahne · 260 (390) g Mehl
2 (3) Teel. Backpulver

Gelingt leicht

Bei 18 (24) Stücken etwa:
1200 kJ/290 kcal pro Stück
Vorbereitungszeit: 45 Minuten

	Einstellung	Garzeit/ Minuten
Nur Mikrowellen	600 Watt	½– 1
Mikrowellen mit Ober- und Unterhitze	180 Watt 180–200°	20–30
oder		
Mikrowellen mit Umluft	180 Watt 160–180°	
Gesamtgarzeit		20½–31

Die Fettpfanne buttern. • Die Kirschen waschen, entsteinen und abtropfen lassen. • Die Butter in einer mikrowellengeeigneten Rührschüssel bei 600 Watt in ½–1 Minute geschmeidig werden lassen. Das Nougat in kleinen Stückchen mit dem Zucker und der Butter sehr schaumig schlagen. Die Eier und die saure Sahne nach und nach untermischen. Das Mehl mit dem Backpulver mischen und unterrühren. • Den Teig in die Fettpfanne geben, glattstreichen und dicht mit Kirschen belegen. • Die Fettpfanne in die untere Schiene des Gerätes schieben. Bei Mikrowellenleistung 180 Watt mit Ober- und Unterhitze 180–200° 20–30 Minuten backen.

Mein Tip: Lassen Sie das Nougat und die Butter zusammen bei Mikrowellenleistung 600 Watt in ½–1 Minute geschmeidig werden.

Donauwellen

Ein klassischer Kuchen mit Kirschen

Zutaten für die Fettpfanne von 25×35 cm (35×40 cm):
Für die Fettpfanne: Butter
Für den Teig:
200 (300) g Butter
200 (300) g Zucker · 4 (6) Eier
220 (350) g Mehl
1 (2) Teel. Backpulver
2 (3) Eßl. Kakaopulver
Für den Belag:
1½ (2) Gläser Sauerkirschen (Abtropfgewicht pro Glas 370 g) · 1 (1½) Päckchen Vanille-Puddingpulver zum Kochen · 2 (3) Eßl. Zucker
½ (¾) l Milch
Für die Glasur:
100 (150) g Schokoladen-Kuvertüre · 6 (8) Eßl. Milch

Klassisches Rezept

Bei 16 (24) Stücken etwa:
1375 kJ/330 kcal pro Stück
Vorbereitungszeit: 35 Minuten

	Einstellung	Garzeit/ Minuten
Nur Mikrowellen	600 Watt	½– 1
Mikrowellen mit Umluft	180 Watt 160–180°	20–25
oder		
Mikrowellen mit Ober- und Unterhitze	180 Watt 180–200°	20–25
Nur Mikrowellen	600 Watt	6– 8
Nur Mikrowellen	360 Watt	3– 5
Gesamtgarzeit		29½–39

Die Fettpfanne buttern. • Für den Teig die Butter in eine mikrowellengeeignete Rührschüssel geben und bei Mikrowellenleistung 600 Watt in ½–1 Minute geschmeidig werden lassen. Den Zucker hinzufügen und mit der Butter schlagen, bis eine weißschaumige Creme entsteht. Nach und nach die Eier unterrühren. Das Mehl mit dem Backpulver mischen und mit der Schaummasse verrühren. • Die Hälfte des Teiges in die Fettpfanne füllen und die Oberfläche glattstreichen. • Das Kakaopulver zum restlichen Teig sieben und verrühren. Den dunklen Teig gleichmäßig auf den hellen Teig streichen. • Für den Belag die Kirschen in einem Sieb abtropfen lassen und auf dem dunklen Teig verteilen. • Die Fettpfanne in die untere Schiene des Gerätes schieben. Bei Mikrowellenleistung 180 Watt mit Umluft bei 160–180° 20–25 Minuten backen. • Dann den Kuchen aus dem Gerät nehmen. • Das Vanille-Puddingpulver mit dem Zucker in eine höhere mikrowellengeeignete, hitzebeständige Schüssel geben. Die Milch in das Puddingpulver rühren. • Die Schüssel auf dem Rost in das Gerät stellen und den Pudding bei Mikrowellenleistung 600 Watt 6–8 Minuten offen kochen. Dabei zweimal durchrühren (die Schüssel wird heiß, deshalb mit Topflappen anfassen). Den Pudding auf den noch warmen Kuchen streichen und etwas abkühlen lassen. • Dann für die Glasur die Kuvertüre mit der Milch in eine mikrowellengeeignete Schüssel geben und bei Mikrowellenleistung 360 Watt in 3–5 Minuten schmelzen lassen. Dabei einmal durchrühren. • Die Kuvertüre nochmals durchrühren, auf dem Vanillepudding verteilen und erkalten lassen.

Mein Tip: Der Schokoladenüberzug wird besonders fein, wenn Sie ihn aus je 1 (1½) Tafeln Zartbitter- und Vollmilchschokolade herstellen. Dafür die Schokolade in eine mikrowellengeeignete Schüssel bröckeln und 2 (3) Würfel Kokosfett dazugeben. Bei Mikrowellenleistung 360 Watt in 3–4 Minuten schmelzen, dabei einmal durchrühren. Sie können die Donauwellen mit der gleichen Menge Stachelbeeren abwandeln. Den Vanillepudding können Sie noch mit 4 Eßlöffeln feingehackten Pistazien verfeinern.

Traubentorte mit Mandelhaube oder Mandelteig

Verwenden Sie kernlose Trauben, das erspart Ihnen das Entkernen

Traubentorte mit Mandelbaiser

im Bild links

Zutaten für eine Springform aus Schwarzblech von 26 cm ∅:
Für die Form: Butter
400 g kernlose Weintrauben
150 g Weizenvollkornmehl
1 Teel. Weinstein-Backpulver
150 g gemahlene Mandeln
100 g Butter · 150 g Honig
3 Eigelb · 3 Eiweiß

Vollwertrezept

Bei 12 Stücken etwa:
1100 kJ/260 kcal pro Stück
Vorbereitungszeit: 20 Minuten

	Einstellung	Garzeit/ Minuten
Mikrowellen mit Umluft	180 Watt 150–160°	25–30
oder		
Mikrowellen mit Ober- und Unterhitze	180 Watt 160–170°	

Die Form gut buttern. • Die Weintrauben waschen, von den Stielen zupfen und in einem Sieb abtropfen lassen. • Das Mehl mit dem Backpulver, 50 g Mandeln, der Butter, 100 g Honig und den Eigelben zu einem Mürbeteig verarbeiten. Den Teig in die Form drükken, dabei einen kleinen Rand hochziehen und kühl stellen. • Die Eiweiße steif schlagen und den übrigen Honig und die restlichen Mandeln vorsichtig unterziehen. Die Schaummasse auf dem Teigboden verteilen und die Weintrauben darüber streuen. Den Kuchen auf dem Rost in die untere Schiene des Gerätes geben und bei Mikrowellenleistung 180 Watt mit Umluft 150–160° 25–30 Minuten backen.

Mein Tip: Je nach Jahreszeit können Sie diesen Kuchen auch mit Kirschen, Stachel- oder Johannisbeeren abwandeln.

Traubentorte mit Mandelteig

im Bild rechts

Zutaten für eine Springform aus Schwarzblech von 26 cm ∅:
Für die Form: Butter
200 g Mehl · 125 g Puderzucker
200 g gemahlene Mandeln
5 Eier · abgeriebene Schale von
1 unbehandelten Zitrone
250 g Butter
400 g kernlose Weintrauben
1 Päckchen Vanillinzucker
2 Teel. Zitronensaft

Gelingt leicht

Bei 12 Stücken etwa:
1800 kJ/430 kcal pro Stück
Vorbereitungszeit: 45 Minuten

	Einstellung	Garzeit/ Minuten
Mikrowellen mit Umluft	180 Watt 150–160°	30–35
oder		
Mikrowellen mit Ober- und Unterhitze	180 Watt 170–180°	

Die Form buttern. • Das Mehl, 75 g Puderzucker, die Hälfte der Mandeln, 1 Ei, die Zitronenschale und 150 g Butter zu einem Mürbeteig verkneten. • Den Teig in der Form verteilen. Dabei einen 2 cm hohen Rand formen. Den Teig 30 Minuten kühl stellen. • Die Trauben waschen und abtropfen lassen. Für den Guß die restlichen 4 Eier trennen. Die Eiweiße steif schlagen. Die restliche Butter mit dem übrigen Puderzucker, dem Vanillinzucker und dem Zitronensaft sehr schaumig schlagen. Die Eigelbe untermischen. Die restlichen Mandeln und den Eischnee unterheben. • Den Guß auf den Teigboden geben und die Trauben darauf verteilen. Die Form auf dem Rost in die untere Schiene des Gerätes schieben und den Kuchen bei Mikrowellenleistung 180 Watt mit Umluft 150–160° 30–35 Minuten backen.

Köstliche Apfelkuchen

Als klassischer Mürbeteig- oder Vollkornkuchen

Gedeckte Apfeltorte

im Bild links

Zutaten für eine Springform aus Schwarzblech von 26 cm Ø:
Für die Form: Butter und Mehl
350 g Mehl · 300 g Butter
100 g Zucker · 1 Ei
1 Eßl. Crème fraîche
1 Prise Salz · 60 g Semmelbrösel
1 kg säuerliche Äpfel
20 g Rosinen

Preiswert

Bei 12 Stücken etwa:
1700 kJ/400 kcal pro Stück
Vorbereitungszeit: 1½ Stunden

	Einstellung	Garzeit/ Minuten
Nur Mikrowellen	600 Watt	1
Nur Mikrowellen	600 Watt	1– 2
Mikrowellen mit Ober- und Unterhitze	180 Watt 190–210°	32–35
oder		
Mikrowellen mit Umluft	180 Watt 170–190°	32–35
Gesamtgarzeit		34–38

Die Form fetten. • Das Mehl mit 200 g Butter, dem Zucker, dem Ei, der Crème fraîche und dem Salz verkneten und 1 Stunde kalt stellen. • Die restliche Butter in einem mikrowellengeeigneten Gefäß bei Mikrowellenleistung 600 Watt in 1 Minute schmelzen und mit den Semmelbröseln verrühren. Bei Mikrowellenleistung 600 Watt 1–2 Minuten anschwitzen, abkühlen lassen. • Die Äpfel schälen, achteln und mit den Bröseln vermischen. • Den Teig in 3 Stücke teilen. Einen Teil auf dem Boden der Form ausrollen, mit einer Gabel einstechen. Aus dem 2. Teil einen Rand formen. Den Rest als Deckel ausrollen. • Die Äpfel und die Rosinen auf dem Boden verteilen. Den Deckel darauf legen, festdrücken und einstechen. • Auf dem Rost in der unteren Schiene bei Mikrowellenleistung 180 Watt mit Ober- und Unterhitze 190–210° 32–35 Minuten backen.

Apfel-Vollkornkuchen

im Bild rechts

Zutaten für eine Springform aus Schwarzblech von 26 cm Ø:
Für die Form: Butter
250 g Butter
250 g Zuckerrohrgranulat
5 Eier · 125 g Weizenvollkornmehl · 1 Päckchen Weinstein-Backpulver
125 g gemahlene Haselnüsse
1 kg säuerliche Äpfel

Vollwertrezept

Bei 12 Stücken etwa:
1700 kJ/400 kcal pro Stück
Vorbereitungszeit: 30 Minuten

	Einstellung	Garzeit/ Minuten
Nur Mikrowellen	600 Watt	½– 1
Mikrowellen mit Ober- und Unterhitze	180 Watt 180–200°	30–35
oder		
Mikrowellen mit Umluft	180 Watt 160–180°	30–35
Gesamtgarzeit		30½–36

Die Form gut buttern. • Die Butter in eine mikrowellengeeignete Rührschüssel geben und bei Mikrowellenleistung 600 Watt in ½–1 Minute geschmeidig werden lassen. Das Zuckerrohrgranulat hinzufügen und mit der Butter schaumig rühren. • Die Eier trennen. Die Eiweiße kalt stellen. Die Eigelbe unter die Buttermasse rühren. • Das Mehl mit dem Backpulver und den gemahlenen Haselnüssen verrühren. • Die Äpfel schälen, vierteln, vom Kerngehäuse befreien und in kleine Stücke schneiden. Die Eiweiße steif schlagen und mit den Apfelstückchen unter den Teig heben. • Den Teig in die Springform füllen und auf dem Rost in die untere Schiene des Gerätes schieben. Bei Mikrowellenleistung 180 Watt mit Ober- und Unterhitze 180–200° 30–35 Minuten backen, bis die Oberfläche gebräunt ist.

Köstliche Apfelkuchen, einmal ganz anders

Beide Kuchen haben einen raffinierten Guß

Apfelkuchen mit Mandel-Eier-Guß

im Bild links

Zutaten für eine Springform aus Schwarzblech von 26 cm ∅:
Für die Form: Butter
10 kleine Äpfel · Saft von 1 Zitrone · 100 g Rosinen
40 g Sonnenblumenkerne
3 Eßl. Rum · gut 125 g Zucker
½ Teel. Zimtpulver · 40 g gehobelte Haselnüsse · 6 Eier
125 g gemahlene Mandeln

Gelingt leicht

Bei 12 Stücken etwa:
1100 kJ/260 kcal pro Stück
Vorbereitungszeit: 25 Minuten

	Einstellung	Garzeit/ Minuten
Mikrowellen mit Umluft	180 Watt 150–160°	30–35
oder		
Mikrowellen mit Ober- und Unterhitze	170–180°	30–35

Die Form gut buttern. • Die Äpfel waschen, schälen und mit einem Apfelausstecher das Kerngehäuse entfernen. Die Äpfel mit dem Zitronensaft beträufeln und dicht nebeneinander in die Springform setzen. • Die Rosinen heiß abspülen und abtropfen lassen. Die Sonnenblumenkerne grob hacken. Beides mit dem Rum, 1 Eßlöffel Zucker, dem Zimtpulver und den Haselnüssen mischen. Diese Masse in die Äpfel füllen. • Die Eier trennen. Die Eiweiße steif schlagen. Die Eigelbe mit dem restlichen Zucker zu einer weißschaumigen Creme schlagen. Die Mandeln und die Eiweiße unter die Creme ziehen und gleichmäßig auf den Äpfeln verteilen. Auf dem Rost in die untere Schiene des Gerätes schieben und bei Mikrowellenleistung 180 Watt mit Umluft 150–160° 30–35 Minuten backen.

Apfelkuchen mit Crème-fraîche-Guß

im Bild rechts

Zutaten für eine Springform aus Schwarzblech von 26 cm ∅:
Für die Form:
Backtrennpapier und Butter
170 g Zucker · 20 g gehobelte Haselnüsse · 3 mittelgroße Äpfel (etwa 500 g) · 3 Eier
1 Päckchen Vanillinzucker
150 g Crème fraîche
150 g Mehl · 1 gestrichener Teel. Backpulver

Gelingt leicht

Bei 12 Stücken etwa:
870 kJ/210 kcal pro Stück
Vorbereitungszeit: 20 Minuten

	Einstellung	Garzeit/ Minuten
Mikrowellen mit Ober- und Unterhitze	90 Watt 180–200°	24–26
oder		
Mikrowellen mit Umluft	90 Watt 160–180°	24–26

Den Boden der Springform mit Backtrennpapier auslegen und buttern. Mit 20 g Zucker und den Haselnüssen bestreuen. • Die Äpfel waschen, schälen und vierteln. Die Kerngehäuse entfernen und die Stücke nochmals in je 3 Spalten schneiden. Fächerförmig mit den Rundungen nach unten in die Form legen. • Die Eier mit dem restlichen Zucker und dem Vanillinzucker schaumig rühren. Die Crème fraîche nach und nach dazugeben. Das Mehl und das Backpulver mischen und unter die Schaummasse heben. Diese gleichmäßig auf den Äpfeln verteilen. • Auf dem Rost in die untere Schiene des Gerätes schieben. Bei Mikrowellenleistung 90 Watt mit Ober- und Unterhitze 180–200° 24–26 Minuten backen. • Den Kuchen etwas auskühlen lassen, dann stürzen und den Springformboden abnehmen. Das Backtrennpapier vorsichtig ablösen.

Apfelstrudel

Schmeckt noch warm am besten

Zutaten für 2 Strudel:
Für die Form: Butter
Für den Teig: 200 g Mehl
20 g Butter · 1 Ei · 1 Prise Salz
4 Eßl. lauwarmes Wasser
1 Teel. Maiskeimöl
Für die Füllung: 750 g säuerliche Äpfel · 50 g Zucker
50 g gehackte Haselnüsse
20 g ungeschwefelte Rosinen
60 g Butter · 250 g saure Sahne
4 Eßl. Milch

Preiswert

Bei 10 Stücken etwa:
1100 kJ/260 kcal pro Stück
Vorbereitungszeit: 1½ Stunden

	Einstellung	Garzeit/ Minuten
Nur Mikrowellen	600 Watt	½
Nur Mikrowellen	600 Watt	1
Mikrowellen mit Ober- und Unterhitze	180 Watt 190–210°	24–26
oder		
Mikrowellen mit Umluft	180 Watt 170–190°	
Gesamtgarzeit		25½–27½

Die Auflaufform buttern. • Für den Teig das Mehl auf die Arbeitsfläche sieben und eine Mulde formen. • Die Butter in einem mikrowellengeeigneten Gefäß bei Mikrowellenleistung 600 Watt in ½ Minute geschmeidig werden lassen. • Die Butter, das Ei, das Salz und das Wasser in die Mulde geben und alles zu einem glatten, geschmeidigen Teig verarbeiten. Mit dem Maiskeimöl bestreichen und bei Raumtemperatur 1 Stunde ruhen lassen. • Inzwischen die Äpfel waschen, schälen, vierteln und entkernen. In kleine Stückchen schneiden und in einer Schüssel mit dem Zucker, den Nüssen und den Rosinen vermischen. • Das Gerät auf 190° ohne Zuschaltung von Mikrowellen vorheizen. • Die Hälfte des Teiges auf einem bemehlten Tuch ausrollen, dann mit den Händen zu einem Rechteck von etwa 30 × 35 cm ausziehen. Es dürfen dabei keine Löcher entstehen. • Die Butter in einem mikrowellengeeigneten Geschirr bei Mikrowellenleistung 600 Watt in 1 Minute schmelzen. Den Teig mit einem Teil der Butter bestreichen. Die Hälfte der Füllung auf dem vorderen Drittel des Teiges verteilen. Die Hälfte der sauren Sahne gleichmäßig daraufgeben. Von vorn das Tuch anheben, den Strudel locker aufrollen, die Enden einschlagen und den Strudel mit der Nahtseite nach unten in eine Auflaufform von etwa 22 × 30 cm setzen. • Die restlichen Zutaten zu einem zweiten Strudel verarbeiten. Diesen auch in die Form setzen und die Strudel mit Butter bestreichen. • Die Form auf dem Rost in der unteren Schiene bei Mikrowellenleistung 180 Watt mit Ober- und Unterhitze 190–210° 24–26 Minuten backen. • In der Zwischenzeit die Milch aufkochen lassen und nach 8 Minuten über die Strudel gießen. Die Strudel mit der restlichen Butter bestreichen und leicht braun backen.

Mein Tip: Reichen Sie dazu eine Vanillesauce. Dafür ein Päckchen Saucenpulver nach Anweisung auf der Packung in einem mikrowellengeeigneten Geschirr verrühren. Bei Mikrowellenleistung 600 Watt 5–6 Minuten aufkochen lassen, dabei nach der Hälfte der Zeit umrühren.

Variante: Quarkstrudel
Den Strudelteig wie beschrieben zubereiten. Für die Füllung aus 150 g Zucker, dem Mark von 1 Vanilleschote, 3 Eiern, 750 g Magerquark, 1 Eßlöffel Crème fraîche, 50 g Rosinen und 100 g Sahne eine cremige Masse rühren. Die Strudel wie beschrieben fertigstellen und bei Mikrowellenleistung 180 Watt mit Ober- und Unterhitze 190–210° 17–20 Minuten backen.

Stachelbeer-Schokoladen-Torte

Läßt sich auch mit frischen, kurz gedünsteten Stachelbeeren zubereiten

Zutaten für eine Springform aus Schwarzblech von 24 cm ∅:
Für die Form: Butter
1 Glas Stachelbeeren (Abtropfgewicht 370 g) · 75 g Butter
95 g Zucker · 3 Eier · 100 g Mehl · 2 Teel. Backpulver · 50 g gemahlene Haselnüsse · 75 g Raspelschokolade · 1 Päckchen Tortenguß klar · ¼ l Weißwein oder Saft von den Stachelbeeren (gegebenenfalls mit Wasser auffüllen) · 125 g Sahne
1 Päckchen Vanillinzucker

Preiswert

Bei 12 Stücken etwa:
1100 kJ/260 kcal pro Stück
Vorbereitungszeit: 35 Minuten

	Einstellung	Garzeit/ Minuten
Mikrowellen mit Umluft	180 Watt 160–180°	25–30
oder		
Mikrowellen mit Ober- und Unterhitze	180 Watt 180°	
Nur Mikrowellen	600 Watt	3– 4
Gesamtgarzeit		28–34

Die Form fetten. Die Stachelbeeren abtropfen lassen, den Saft dabei auffangen. 12 Beeren beiseitelegen. • Die Butter mit dem Zucker (2 gestrichene Eßlöffel aufheben) schaumig rühren. Die Eier nach und nach untermischen. Das Mehl mit dem Backpulver unterrühren. Die Haselnüsse, die Raspelschokolade und die Stachelbeeren unter den Teig ziehen. • Den Teig in die Form füllen und auf dem Rost in der unteren Schiene bei Mikrowellenleistung 180 Watt mit Umluft 160–180° 25–30 Minuten backen. • Den Tortenguß mit dem restlichen Zucker in eine mikrowellengeeignete hitzebeständige Schüssel geben. Den Weißwein nach und nach unterrühren. Bei Mikrowellenleistung 600 Watt in 3–4 Minuten aufkochen lassen, dabei einmal umrühren. Den Guß durchrühren und den Kuchen damit überziehen. • Die Sahne mit dem Vanillinzucker steif schlagen. 12 Sahnetupfen auf den Rand spritzen und jeweils 1 Stachelbeere hineinsetzen.

Sehr saftige Zwetschgenkuchen

Sie schmecken frisch am besten

Zwetschgenkuchen mit Guß

im Bild vorne

Zutaten für eine Springform aus Schwarzblech von 26 cm Ø:
Für die Form: Butter
Für den Teig: 200 g Mehl
100 g Butter · 50 g Zucker
1 Ei · 1 Prise Salz
Für den Belag: 500 g Zwetschgen · 120 g Zucker
1 Prise Zimtpulver · 60 g Butter
2 Eier · 1 Päckchen Vanillinzucker · 250 g saure Sahne

Gelingt leicht

Bei 12 Stücken etwa:
1200 kJ/290 kcal pro Stück
Vorbereitungszeit: 20 Minuten

	Einstellung	Garzeit/ Minuten
Mikrowellen mit Ober- und Unterhitze	180 Watt 180–190°	40–45
oder		
Mikrowellen mit Umluft	180 Watt 160–170°	40–45

Die Form buttern. • Für den Teig das Mehl mit der Butter, dem Zucker, dem Ei und dem Salz zu einem Mürbeteig verarbeiten und kühl stellen. • Für den Belag die Zwetschgen kurz waschen und entkernen. • 2 Eßlöffel Zucker mit dem Zimtpulver vermischen. • Aus der Butter, den Eiern, dem restlichen Zucker, dem Vanillinzucker und der sauren Sahne eine cremige Schaummasse herstellen. • Den Boden der Springform mit dem Teig auslegen, dabei einen Rand formen. Die Zwetschgen kreisförmig auf dem Teig verteilen. Die Hälfte des Zimt-Zuckers über die Früchte streuen. Den Guß darauf verteilen. • Den Kuchen auf dem Rost in der unteren Schiene des Gerätes bei Mikrowellenleistung 180 Watt mit Ober- und Unterhitze 180–190° 40–45 Minuten backen. • Den Zwetschgenkuchen sofort mit dem restlichen Zimtzucker bestreuen und erkalten lassen.

Zwetschgen-Nußtorte

im Bild hinten

Zutaten für eine Springform aus Schwarzblech von 26 cm Ø:
Für die Form: Butter
150 g Butter · 180 g Zucker
Schale von 1 unbehandelten Zitrone · 4 Eier · 100 g gemahlene Haselnüsse · 100 g Mehl
1 Teel. Backpulver
800 g Zwetschgen · 150 g Sahne
2 Eßl. Sahnepudding-Pulver

Gelingt leicht

Bei 12 Stücken etwa:
1500 kJ/360 kcal pro Stück
Vorbereitungszeit: 40 Minuten

	Einstellung	Garzeit/ Minuten
Nur Mikrowellen	600 Watt	½
Mikrowellen mit Ober- und Unterhitze	180 Watt 180–200°	25–30
oder		
Mikrowellen mit Umluft	180 Watt 160–180°	25–30
Gesamtgarzeit		25½–30½

Die Form buttern. • Die Butter in einer mikrowellengeeigneten Rührschüssel bei Mikrowellenleistung 600 Watt in ½ Minute geschmeidig werden lassen. 100 g Zucker und die Zitronenschale hinzufügen und alles schaumig schlagen. Nach und nach 2 Eier unterrühren. Die Haselnüsse, das Mehl und das Backpulver mischen und unter die Schaummasse rühren. • Den Teig in die Form füllen und glattstreichen. • Die Zwetschgen waschen, entsteinen und mit der offenen Seite nach oben spiralförmig auf den Teig legen. • Die restlichen 2 Eier mit dem übrigen Zucker schaumig schlagen, die Sahne und das Puddingpulver unterrühren. Diesen Guß über die Zwetschgen gießen. • Den Kuchen auf dem Rost in der unteren Schiene des Gerätes bei Mikrowellenleistung 180 Watt mit Ober- und Unterhitze 180–200° 25–30 Minuten backen.

Saftiger Sommerkuchen mit Zwetschgen, Äpfeln und Birnen

Den Grundteig können Sie mit verschiedenen Obstsorten variieren

Zutaten für die Fettpfanne von 25×35 cm (35×40 cm):
Für die Fettpfanne: Butter
Für den Belag:
500 (750) g Zwetschgen
2 (3) mittelgroße Äpfel
2 (3) mittelgroße Birnen
6 Eßl. Zitronensaft
2 (3) Dolden Holunderbeeren
Für den Teig:
200 (300) g Butter · 200 (300) g Marzipan-Rohmasse
100 (150) g Zuckerrohrgranulat
2 (3) Eßl. Weinbrand (ersatzweise Obstsaft) · 4 (6) Eier
6 (8) Eßl. Crème fraîche
160 (240) g gemahlene Haselnüsse · 140 (210) g Weizenvollkornmehl · 2 (3) Teel. Weinstein-Backpulver
½ (1) Teel. Zimtpulver
Zum Bestreuen:
4 (6) Eßl. Haselnußkrokant

Vollwertrezept

Bei 16 (24) Stücken etwa:
1600 kJ/380 kcal pro Stück
Vorbereitungszeit: 40 Minuten

	Einstellung	Garzeit/ Minuten
Nur Mikrowellen	600 Watt	½
Mikrowellen mit Ober- und Unterhitze	180 Watt 180–200°	20–30
oder		
Mikrowellen mit Umluft	180 Watt 160–180°	20–30
Gesamtgarzeit		20½–30½

Die Fettpfanne buttern. • Für den Belag die Zwetschgen waschen und entsteinen. • Die Äpfel und die Birnen waschen, schälen, vierteln, vom Kerngehäuse befreien und in Spalten schneiden. Die Obstspalten mit dem Zitronensaft beträufeln. • Die Holunderbeeren waschen, von den Stielen zupfen und in einem Sieb abtropfen lassen. • Für den Teig die Butter in eine mikrowellengeeignete Rührschüssel geben und bei Mikrowellenleistung 600 Watt in ½ Minute geschmeidig werden lassen. Die Marzipan-Rohmasse in kleine Stückchen schneiden und mit dem Zuckerrohrgranulat und der Butter schlagen, bis eine weißschaumige Creme entsteht. • Den Weinbrand, die Eier und die Crème fraîche nach und nach untermischen. Die Haselnüsse, das Mehl, das Backpulver und das Zimtpulver mischen und unter die Creme rühren. • Den Teig in die Fettpfanne geben und glattstreichen. • Die Äpfel, die Zwetschgen und die Birnen abwechselnd in dichten Reihen dachziegelartig auf den Teig schichten. • Die Holunderbeeren und den Haselnußkrokant darüber streuen. • Die Fettpfanne in die untere Schiene des Gerätes schieben. Den Kuchen bei Mikrowellenleistung 180 Watt mit Ober- und Unterhitze 180–200° 20–30 Minuten backen.

Variante: Sommerkuchen mit Aprikosen und Johannisbeeren

Den Teig wie beschrieben zubereiten. 400 (600) g rote Johannisbeeren waschen, von den Stielen streifen und in einem Sieb abtropfen lassen. 700 g (1 kg) vollreife Aprikosen mit kochendem Wasser überbrühen, nach etwa 2 Minuten mit kaltem Wasser abspülen, häuten, entkernen und halbieren. Die Aprikosenhälften in Reihen auf den vorbereiteten Teig in die Fettpfanne setzen. Lassen Sie dabei kleine Zwischenräume frei. Diese füllen Sie mit den Johannisbeeren aus. Den Kuchen wie beschrieben backen und mit kandierten Walnußstückchen bestreuen.

Saftige Rührteigkuchen

Mit Obst und Marzipan oder Mandeln

Zwetschgenkuchen

im Bild links

Zutaten für die Fettpfanne von 25×35 cm (35×40 cm):

- Für die Fettpfanne: Butter
- 1 (1,5) kg Zwetschgen
- 140 (200) g Marzipan-Rohmasse · 260 (390) g Butter
- 160 (240) g Zucker · 4 (6) Eier
- 200 (300) g saure Sahne
- 260 (390) g Mehl · 2 (3) Teel. Backpulver · 2 (3) Eßl. Honig
- 100 (150) g Mandelblättchen
- 1 (1½) Teel. Zimtpulver

Klassisches Rezept

Bei 18 (24) Stücken etwa:
1600 kJ/380 kcal pro Stück
Vorbereitungszeit: 40 Minuten

	Einstellung	Garzeit/Minuten
Nur Mikrowellen	600 Watt	1– 1½
Mikrowellen mit Ober- und Unterhitze	180 Watt 180–200°	20–30
oder		
Mikrowellen mit Umluft	180 Watt 160–180°	20–30
Gesamtgarzeit		21–31½

Die Fettpfanne buttern. • Die Zwetschgen entsteinen. • Das Marzipan in kleinen Stückchen mit 200 (300) g Butter und 100 (150) g Zucker schaumig schlagen. Die Eier und die saure Sahne untermischen. Das Mehl mit dem Backpulver unterrühren. • Den Teig in die Fettpfanne geben, glattstreichen und dicht mit Zwetschgen belegen. • Die restliche Butter, den übrigen Zucker und den Honig in einer mikrowellengeeigneten Schüssel bei Mikrowellenleistung 600 Watt in 1–1½ Minuten schmelzen lassen. Die Mandelblättchen und den Zimt dazurühren und alles auf den Zwetschgen verteilen. Den Kuchen in der unteren Schiene bei Mikrowellenleistung 180 Watt mit Ober- und Unterhitze 180–200° 20–30 Minuten backen.

Saftige Aprikosentorte

im Bild rechts

Zutaten für eine Springform aus Schwarzblech von 26 cm Ø:

- Für die Form: Butter
- 250 g Butter
- 250 g Zucker
- Schale von 1 unbehandelten Zitrone
- 2 Eßl. Rum
- 3 Eier
- 200 g Mehl
- 50 g gemahlene Mandeln
- 1½ Dosen Aprikosenhälften (abgetropft etwa 700 g)
- 80 g Mandelstifte
- 2 Päckchen Vanillinzucker

Gut vorzubereiten

Bei 12 Stücken etwa:
1800 kJ/430 kcal pro Stück
Vorbereitungszeit: 20 Minuten

	Einstellung	Garzeit/Minuten
Nur Mikrowellen	600 Watt	½– 1
Mikrowellen mit Ober- und Unterhitze	180 Watt 170–190°	25–30
oder		
Mikrowellen mit Umluft	180 Watt 150–170°	25–30
Gesamtgarzeit		25½–31

Die Form buttern. • Die Butter in einer mikrowellengeeigneten Rührschüssel bei Mikrowellenleistung 600 Watt in ½–1 Minute geschmeidig werden lassen. Mit dem Zucker zu einer weißschaumigen Creme rühren. Die Zitronenschale, den Rum und die Eier untermischen. Das Mehl mit den Mandeln unterrühren. • Die Hälfte des Teiges in die Form füllen und mit den Aprikosen belegen. Den restlichen Teig darauf streichen. • Die Mandelstifte und den Vanillinzucker darüber streuen. In der unteren Schiene bei Mikrowellenleistung 180 Watt mit Ober- und Unterhitze 170–190° 25–30 Minuten backen.

Birnenkuchen

Schmeckt sehr gut auch mit Äpfeln

Zutaten für eine Springform aus Schwarzblech von 26 cm ∅:
Für die Form: Butter
800 g vollreife Birnen · Saft von 1 Zitrone · 300 g Butter
150 g Honig
50 g Roggenvollkornschrot
2 Eßl. Birnengeist · 3 Eier
250 g Weizenvollkornmehl
2 Teel. Weinstein-Backpulver
100 g gehobelte Haselnüsse
150 g Crème fraîche

Vollwertrezept

Bei 12 Stücken etwa:
1900 kJ/450 kcal pro Stück
Vorbereitungszeit: 30 Minuten

	Einstellung	Garzeit/ Minuten
Nur Mikrowellen	600 Watt	1½– 2
Mikrowellen mit Ober- und Unterhitze	180 Watt 170–190°	30–35
oder		
Mikrowellen mit Umluft	180 Watt 150–170°	
Gesamtgarzeit		31½–37

Die Form buttern. • Die Birnen waschen, schälen, vierteln und vom Kerngehäuse befreien. Die Oberflächen längs einschneiden und mit dem Zitronensaft beträufeln. • 50 g Butter mit 2 Eßlöffeln Honig und dem Roggenschrot in eine mikrowellengeeignete Schüssel geben. Bei Mikrowellenleistung 600 Watt in 1½–2 Minuten erwärmen, zwischendurch einmal umrühren, beiseite stellen. • Für den Teig die restliche Butter mit dem übrigen Honig schaumig schlagen. Den Birnengeist und die Eier unterrühren. Das Mehl mit dem Backpulver unter die Schaummasse rühren. • Den Teig in die Form füllen und glattstreichen. Die Birnen darauf legen und leicht andrücken. • Für den Guß die Hälfte der Haselnüsse mit der Crème fraîche und der Honig-Buttermasse gut verrühren, über die Birnen streichen und die restlichen Haselnüsse darüber streuen. Auf dem Rost in der unteren Schiene des Gerätes bei Mikrowellenleistung 180 Watt mit Ober- und Unterhitze 170–190° 30–35 Minuten backen.

Köstliche Mandelkuchen

Geschlagene Sahne oder Quark machen den Teig saftig

Quark-Mandelkuchen

im Bild links

Zutaten für eine Springform aus Schwarzblech von 26 cm ∅:

Für die Form: Butter

Für den Belag:

75 g Butter · 30 g Zucker
2 Eßl. Honig
100 g gehobelte Mandeln
2 Eßl. Sahne

Für den Teig:

100 g Quark · 4 Eßl. Sahne
4 Eßl. Maiskeimöl · 50 g Zucker
180 g Mehl · 2 Teel. Backpulver

Preiswert

Bei 14 Stücken etwa:
940 kJ/220 kcal pro Stück
Vorbereitungszeit: 20 Minuten

	Einstellung	Garzeit/ Minuten
Nur Mikrowellen	600 Watt	1– 1½
Mikrowellen mit Ober- und Unterhitze	90 Watt 190–210°	15–20
oder		
Mikrowellen mit Umluft	90 Watt 170–190°	15–20
Gesamtgarzeit		16–21½

Die Form buttern. • Für den Belag die Butter, den Zucker und den Honig in einem mikrowellengeeigneten Gefäß bei Mikrowellenleistung 600 Watt in 1–1½ Minuten schmelzen. Zwischendurch einmal umrühren. Die Mandelblättchen und die Sahne unterrühren. • Beiseite stellen. Das Gerät ohne Zuschaltung von Mikrowellen auf 190° vorheizen. • Für den Teig den Quark, die Sahne, das Öl und den Zukker verrühren. Das Mehl mit dem Backpulver vermischen und unterkneten. • Den Teig auf dem Boden der Form verteilen und den Belag daraufgeben. • Den Kuchen auf dem Rost in der unteren Schiene bei Mikrowellenleistung 90 Watt mit Ober- und Unterhitze 190–210° 15–20 Minuten backen.

Sahne-Mandelkuchen

im Bild rechts

Zutaten für die Fettpfanne von 25×35 cm (35×40 cm):

Für die Fettpfanne: Butter

100 (150) g Butter · 100 (150) g Zucker · 1½ (2) Eßl. Honig
150 (200) g gehobelte Mandeln
gut 275 (450) g Sahne
2 (3) Eier · ½ (1) Päckchen Vanillinzucker · 140 (200) g Mehl · 2 (3) Teel. Backpulver

Gelingt leicht

Bei 18 (24) Stücken etwa:
950 kJ/230 kcal pro Stück
Vorbereitungszeit: 35 Minuten

	Einstellung	Garzeit/ Minuten
Nur Mikrowellen	600 Watt	1– 2
Mikrowellen mit Ober- und Unterhitze	90 Watt 190–210°	18–22
oder		
Mikrowellen mit Umluft	90 Watt 170–190°	18–22
Gesamtgarzeit		19–24

Die Fettpfanne buttern. • Die Butter, 40 (60) g Zukker und den Honig in einem mikrowellengeeigneten Gefäß bei Mikrowellenleistung 600 Watt in 1–2 Minuten schmelzen lassen. Zwischendurch einmal umrühren. Die Mandelblättchen und 3 (5) Eßlöffel Sahne unterrühren. • Das Gerät ohne Zuschaltung von Mikrowellen auf 190° vorheizen. • Die restliche Sahne steif schlagen. Die Eier, den übrigen Zucker und den Vanillinzucker mit der Sahne verschlagen. Das Mehl mit dem Backpulver mischen und unterheben. • Den Teig auf dem Boden der Fettpfanne verteilen und in der unteren Schiene bei Mikrowellenleistung 90 Watt mit Ober- und Unterhitze 190–210° 10–12 Minuten backen. • Dann den Belag auf dem Teig verteilen und den Kuchen in weiteren 8–10 Minuten goldgelb backen. Dabei die Mikrowellen erneut starten.

Mohntorte

Am besten schmeckt der Kuchen mit ganz frisch gemahlenem Mohn

Zutaten für eine Springform aus Schwarzblech von 26 cm ∅:
Für die Form: Butter
Für den Teig: 30 g Zucker
100 g Mehl · 50 g Butter
1 Eigelb
Für den Belag: 140 g Butter
70 g Zucker · 4 Eigelb
Zimtpulver · Schale von
1 Orange · 3 Äpfel
100 g gemahlener Mohn
40 g Biskuitbrösel · 4 Eiweiß
4 Eßl. Rum · 200 g Sahne
150 g Schokoladenspäne

Gelingt leicht

Bei 12 Stücken etwa:
1700 kJ/400 kcal pro Stück
Vorbereitungszeit: 40 Minuten

	Ein-stellung	Garzeit/ Minuten
Mikrowellen mit Ober- und Unterhitze	90 Watt 180–200°	20–30
oder		
Mikrowellen mit Umluft	90 Watt 160–180°	

Die Form buttern. • Für den Teig den Zucker, das Mehl, die Butter und das Eigelb zu einem Mürbeteig verkneten, auf dem Boden der Form ausrollen und kalt stellen. • Für den Belag die Butter mit dem Zucker sehr schaumig schlagen. Die Eigelbe, etwas Zimtpulver und die Orangenschale nach und nach hinzufügen. • Die Äpfel schälen, entkernen, fein reiben und mit dem Mohn und den Biskuitbröseln unter die Schaummasse rühren. Die Eiweiße steif schlagen und unterheben. • Den Belag auf dem Teig verteilen. • Den Kuchen auf dem Rost in der unteren Schiene bei Mikrowellenleistung 90 Watt mit Ober- und Unterhitze 180–200° 20–30 Minuten backen. • Den Kuchen abkühlen lassen. • Den Kuchen mit dem Rum beträufeln. Die Sahne steif schlagen und die Torte rundherum damit bestreichen und mit den Schokoladenspänen bestreuen.

Mohngugelhupf

Aus hellem und dunklem Teig gebacken

Zutaten für 1 Gugelhupfform aus Schwarzblech von 21 cm ∅:
Für die Form:
Butter und gemahlener Mohn
175 g Butter · 175 g Zucker
4 Eier · 250 g Mehl · 2 Teel.
Backpulver · 200 g gemahlener
Mohn · 100 g gemahlene
Mandeln · 5 Tropfen Bitter-
mandelöl · 4 Eßl. Rum
100 g Sahne

Klassisches Rezept

Bei 18 Stücken etwa:
1200 kJ/290 kcal pro Stück
Vorbereitungszeit: 25 Minuten

	Ein-stellung	Garzeit/ Minuten
Nur Mikrowellen	600 Watt	½
Mikrowellen mit Ober- und Unterhitze	90 Watt 180–200°	30–35
oder		
Mikrowellen mit Umluft	90 Watt 160–180°	
Gesamtgarzeit		30½–35½

Die Form buttern und mit Mohn ausstreuen. • Die Butter in einer mikrowellengeeigneten Rührschüssel bei Mikrowellenleistung 600 Watt in ½ Minute geschmeidig werden lassen. • Die Butter mit dem Zucker sehr schaumig schlagen. Nach und nach die Eier dazugeben. Das Mehl mit dem Backpulver mischen und unterrühren. • Ein Drittel des Teiges beiseite stellen. Den restlichen Teig mit dem Mohn, den Mandeln, dem Bittermandelöl, dem Rum und der Sahne verrühren. • Zuerst eine dünne Schicht des hellen Teiges in die Form geben, dann etwas von dem Mohnteig. So fortfahren und abwechselnd die beiden Teige einfüllen. • Den Gugelhupf auf dem Rost in die untere Schiene des Gerätes schieben. Bei Mikrowellenleistung 90 Watt mit Ober- und Unterhitze 180–200° 30–35 Minuten backen.

Torten und Gebäck für besondere Anlässe

Anlässe für festliche, üppige Torten und raffiniertes Gebäck bieten sich immer – und wenn es nur die Lust zum Backen ist. Dieser Lust können Sie jetzt noch leichter nachgehen, denn beim Backen mit Mikrowellen und dazugeschalteter Beheizungsart wird der Zeitaufwand für aufwendige Torten beträchtlich reduziert. Die Ergebnisse werden Sie begeistern. Das Rezept für den hier abgebildeten Kartoffelkuchen mit Mandeln finden Sie auf Seite 43.

Preiselbeertorte mit Quark

Außerhalb der Preiselbeersaison können Sie die Torte auch mit roten und schwarzen Johannisbeeren zubereiten

Zutaten für eine Springform aus Schwarzblech von 26 cm ∅:

Für die Form:
Backtrennpapier oder Butter

Für die Obstfüllung:
350 g frische Preiselbeeren
⅛ l Weißwein oder Wasser
3 Eßl. Zucker

Für den Teig:
5 Eier · 2 Eßl. lauwarmes Wasser
150 g Zucker · 60 g gemahlene Haselnüsse · 80 g Buchweizenmehl · 50 g Speisestärke

Für die Quarkfüllung:
8 Blatt weiße Gelatine
4 Eigelb · 100 g Puderzucker
500 g Quark · 375 g Sahne
1 Päckchen Vanillinzucker
4 Eßl. Preiselbeeren aus dem Glas · 2 Eßl. Cognac
80 g gehobelte Haselnüsse

Anspruchsvoll

Bei 16 Stücken etwa:
1600 kJ/380 kcal pro Stück

Vorbereitungszeit: 50 Minuten
Kühlzeit: 1 Stunde
Fertigstellung: 30 Minuten

	Einstellung	Garzeit/ Minuten
Nur Mikrowellen	600 Watt	3– 4
Mikrowellen mit Ober- und Unterhitze	90 Watt 180–200°	13–18
oder		
Mikrowellen mit Umluft	90 Watt 160–180°	13–18
Nur Mikrowellen	600 Watt	10–15 Sekunden
Gesamtgarzeit		16–22

Nur den Boden der Springform mit Backtrennpapier auslegen oder buttern. • Für die Obstfüllung die Preiselbeeren waschen und mit dem Wein und dem Zucker in einer mikrowellengeeigneten Schüssel geschlossen bei 600 Watt 3–4 Minuten garen. • Die Preiselbeeren abtropfen lassen.
• Das Gerät ohne Zuschaltung von Mikrowellen auf 180° vorheizen. • Für den Teig die Eier trennen. Die Eiweiß steif schlagen. Die Eigelbe mit dem Wasser und dem Zucker zu einer weißschaumigen Creme schlagen. Die Nüsse, das Mehl und die Stärke vermischen und auf die Eigelbcreme geben. • Den Eischnee mit dem Nuß-Mehl-Gemisch locker unterheben.
• Den Teig in die Form füllen und auf dem Rost in die untere Schiene des vorgeheizten Gerätes schieben. Bei Mikrowellenleistung 90 Watt mit Ober- und Unterhitze 180–200° 13–18 Minuten backen. • Den Kuchen kurz ruhen lassen, dann aus der Form nehmen und auskühlen lassen. • Für die Quarkfüllung die Gelatine in kaltem Wasser einweichen. • Die Eigelbe mit dem Puderzucker zu einer weißschaumigen Creme schlagen und den Quark unterrühren. • Die Gelatine tropfnaß in einem mikrowellengeeigneten Gefäß bei Mikrowellenleistung 600 Watt in 10–15 Sekunden auflösen und mit der Eigelbcreme verrühren. • 5 Eßlöffel von den gegarten Preiselbeeren beiseite stellen, den Rest mit der Creme vermischen. • Die Sahne mit dem Vanillinzucker steif schlagen, etwa zwei Drittel vorsichtig unter die Creme ziehen. Die restliche Sahne und die Creme in den Kühlschrank stellen. • Den Tortenboden waagerecht durchschneiden. • Die Preiselbeeren aus dem Glas mit dem Cognac verrühren, einen Boden damit bestreichen und auf eine Tortenplatte setzen.
• Den Springformring innen mit Pergamentpapier auskleiden und um den Tortenboden schließen. • Die Preiselbeercreme auf den Boden geben. Den zweiten Boden darauf setzen und die Torte etwa 1 Stunde in den Kühlschrank stellen.
• Den Springformrand abnehmen und die Torte rundherum mit der restlichen Sahne bestreichen. • Die Torte mit den beiseite gestellten Preiselbeeren und den gehobelten Haselnüssen verzieren.

Feigentorte

Hier werden getrocknete und frische Feigen verwendet

Zutaten für eine Springform aus Schwarzblech von 26 cm ∅:
Für die Form:
Backtrennpapier oder Butter
Für den Teig:
200 g getrocknete ungeschwefelte Feigen · 4 Eier
150 g Zucker · 1 Eßl. Zitronensaft
150 g gemahlene Mandeln
Für die Füllung:
6 frische Feigen · 500 g Sahne
1 Päckchen Vanillinzucker
4 Eßl. gehackte Pistazien

Anspruchsvoll

Bei 16 Stücken etwa:
1000 kJ/240 kcal pro Stück
Vorbereitungszeit: 40 Minuten
Fertigstellung: 1 Stunde

	Einstellung	Garzeit/ Minuten
Mikrowellen mit Ober- und Unterhitze	180 Watt 180–200°	13–15
oder		
Mikrowellen mit Umluft	180 Watt 160°	13–15

Das Gerät ohne Zuschaltung von Mikrowellen auf 180° vorheizen. • Nur den Boden der Springform mit Backtrennpapier auslegen oder buttern. • Für den Teig die getrockneten Feigen heiß abspülen, mit Küchenpapier trockentupfen und in sehr feine Würfel schneiden. Die Eier trennen. Die Eiweiße steif schlagen. Die Eigelbe mit dem Zucker und dem Zitronensaft schlagen, bis eine weißschaumige Creme entsteht. • Die Feigen mit den Mandeln zur Eigelbcreme geben und unterrühren. Den Eischnee unterheben. • Den Teig in die Form füllen und auf dem Rost in die untere Schiene des vorgeheizten Gerätes schieben. Bei Mikrowellenleistung 180 Watt mit 180–200° Ober- und Unterhitze 13–15 Minuten backen. • Die Garprobe machen. Den Kuchen ein paar Minuten in der Form ruhen lassen, dann herausnehmen und auf einem Kuchengitter auskühlen lassen. • Für die Füllung die Feigen waschen, schälen und mit einem sehr scharfen Messer in dünne Scheiben schneiden. • Die Sahne mit dem Vanillinzucker steif schlagen, etwa ein Drittel davon in einen Spritzbeutel mit großer Sterntülle geben und in den Kühlschrank legen. • Die restliche Sahnemenge nochmals teilen und 2 Eßlöffel der gehackten Pistazien unter eine Hälfte heben. • Den Tortenboden quer durchschneiden. • Einen Boden mit der Pistaziensahne bestreichen und mit den Feigenscheiben (16 Scheiben für die Garnierung aufheben) belegen. Den zweiten Boden darauf setzen und den Kuchen rundherum mit der restlichen Sahne bestreichen. • Den Rand und die Mitte der Torte mit den verbliebenen Pistazien bestreuen. • Auf der Oberfläche der Torte 16 Stücke markieren und jedes Stück mit einem Sahnetupfer aus dem Spritzbeutel und einer Feigenscheibe verzieren.

Mein Tip: Sie können diesen Tortenboden in der Vorweihnachtszeit statt mit getrockneten Feigen auch mit Datteln zubereiten. Die frischen Feigen ersetzen Sie durch 4 filetierte Orangen. 16 Orangenfilets für die Garnierung verwenden, mit den restlichen Filets den Kuchen füllen.

Kiwitorte

Gefüllt mit einer Joghurt-Quark-Creme

Zutaten für eine Springform aus Schwarzblech von 26 cm Ø:
Für das Blech: Backtrennpapier
Für den Teig:
200 g Butter · 250 g Puderzucker · 6 Eier · 100 g Mehl
100 g Speisestärke
1 gestrichener Teel. Backpulver
abgeriebene Schale von ½ unbehandelten Zitrone
Für die Füllung:
8 Blatt weiße Gelatine · 2 Eier
100 g Zucker · 350 g Magerjoghurt · 250 g Magerquark
6 Kiwis (à etwa 100 g) · 400 g Sahne · 100 g Puderzucker
100 g gehobelte Haselnüsse

Anspruchsvoll

Bei 16 Stücken etwa:
1900 kJ/450 kcal pro Stück
Vorbereitungszeit: 35 Minuten
Fertigstellung: 45 Minuten
Kühlzeit: 1 Stunde

	Einstellung	Garzeit/ Minuten
Nur Mikrowellen	600 Watt	1
Mikrowellen mit Ober- und Unterhitze	90 Watt 160–180°	27–30
oder		
Mikrowellen mit Umluft	90 Watt 140–160°	27–30
Nur Mikrowellen	600 Watt	¼
Gesamtgarzeit		28¼–31¼

Den Boden der Springform mit Backtrennpapier auslegen. • Für den Teig die Butter in einer mikrowellengeeigneten Rührschüssel bei Mikrowellenleistung 600 Watt in 1 Minute geschmeidig werden lassen.
• Das Gerät ohne Zuschaltung von Mikrowellen auf 160° vorheizen. • Die Butter mit dem Puderzucker zu einer weißcremigen Masse rühren. Die Eier dazugeben. Das Mehl mit der Speisestärke, dem Backpulver und der Zitronenschale mischen und mit dem Schneebesen unter die Schaummasse heben. • Den Teig in die Form füllen und auf dem Rost in die untere Schiene des Gerätes schieben. Mikrowellenleistung 90 Watt dazuschalten und den Kuchen mit Ober- und Unterhitze 160–180° 27–30 Minuten backen. • Den Tortenboden aus der Form nehmen und auskühlen lassen. • Für die Füllung die Gelatine in kaltem Wasser einweichen. • Die Eier trennen. Die Eiweiße steif schlagen und kalt stellen. • Die Eigelbe mit dem Zucker schaumig rühren. Den Joghurt und den Quark dazugeben und verrühren. • Die Gelatine tropfnaß in einem mikrowellengeeigneten Gefäß bei Mikrowellenleistung 600 Watt in ¼ Minute auflösen. Mit der Schaummasse verrühren. Die Eiweiße unterheben.
• 4 Kiwis schälen, vom harten Strunk befreien und der Länge nach halbieren. • Den ausgekühlten Tortenboden waagerecht durchschneiden und den unteren Boden auf eine Kuchenplatte legen. Auf dem unteren Boden die Kiwihälften verteilen. Den Rand der Springform mit Streifen aus Pergamentpapier auskleiden und um den Tortenboden schließen. Die Joghurtcreme auf den Kiwis verteilen. Den zweiten Boden darauf legen und die Torte 1 Stunde kühl stellen. • Die Sahne mit dem Puderzucker steif schlagen. • Den Tortenring abnehmen. Die Torte mit der Sahne rundherum bestreichen und mit den Haselnüssen bestreuen. • Die restlichen Kiwis schälen und in 1 cm dicke Scheiben schneiden. Mit einer Sternform Sterne ausstechen und die Torte damit verzieren.

Mein Tip: Sie können die Torte auch mit Mango zubereiten. Dafür 1 kg vollreife Mangos schälen und das Fruchtfleisch in Spalten vom Kern schneiden. Die Torte wie beschrieben zubereiten, mit den Mangospalten füllen und verzieren.

Prinz-Eugen-Torte

Diese Torte schmeckt besonders fein, wenn sie etwas durchgezogen hat

Zutaten für eine Springform aus Schwarzblech von 24 cm ∅:
Für die Form: Butter
Für den Teig:
100 g Butter · 120 g Zucker
8 Eier · 3 Eßl. Cognac
180 g gemahlene Mandeln
50 g Mehl
200 g Raspelschokolade
Für die Füllung:
4 Eßl. Cognac · 500 g Sahne
1 Päckchen Vanillinzucker
100 g Raspelschokolade

Klassisches Rezept

Bei 12 Stücken etwa:
2300 kJ/550 kcal pro Stück
Vorbereitungszeit: 15 Minuten
Auskühlzeit: 1 Stunde
Fertigstellung: 30 Minuten
Kühlzeit: 2 Stunden

	Einstellung	Garzeit/ Minuten
Nur Mikrowellen	600 Watt	½
Mikrowellen mit Ober- und Unterhitze	90 Watt 180–200°	30–35
oder		
Mikrowellen mit Umluft	90 Watt 160–180°	30–35
Nur Grill	mittlere Stufe	5–10
Gesamtgarzeit		35½–45½

Die Form buttern. • Für den Teig die Butter in eine mikrowellengeeignete Rührschüssel geben und bei Mikrowellenleistung 600 Watt in ½ Minute geschmeidig werden lassen. Den Zucker dazugeben und mit der Butter schlagen, bis eine weißschaumige Creme entsteht. Die Eier trennen. Die Eigelbe mit dem Cognac nach und nach zur Creme geben und unterrühren. Die Mandeln, das Mehl und die Raspelschokolade mischen und unterrühren. • Die Eiweiße steif schlagen und unter den Teig heben. • Den Teig in die Springform füllen und auf dem Rost in die untere Schiene des Gerätes schieben. Den Kuchen bei Mikrowellenleistung 90 Watt mit Ober- und Unterhitze 180–200° 30–35 Minuten backen. • Den Kuchen aus dem Gerät nehmen, aus der Form lösen und auf einem Kuchengitter etwa 1 Stunde auskühlen lassen. • Den Tortenboden mit einem Löffel aushöhlen, dabei einen etwa 2 cm dicken Boden und Rand stehenlassen. • Die herausgelösten Kuchenstücke fein zerbröckeln und auf dem ungefetteten Backblech verteilen. Das Blech in die mittlere Schiene des Gerätes schieben. Die Brösel ohne Zuschaltung von Mikrowellen bei mittlerer Grillstufe 5–10 Minuten leicht rösten, bis sie rundherum gebräunt sind, dabei zwischendurch umrühren. Die Brösel herausnehmen und abkühlen lassen. • Den ausgehöhlten Tortenboden mit dem Cognac beträufeln. • Die Sahne mit dem Vanillinzucker steif schlagen, ein Drittel davon für die Verzierung beiseite stellen. • Die Brösel mit der Raspelschokolade mischen, 6 Eßlöffel davon ebenfalls für die Verzierung beiseite stellen. Die restliche Brösel-Schokoladenmasse mit den zwei Dritteln Sahne mischen und den Tortenboden damit füllen. Die Torte rundherum mit der restlichen Sahne bestreichen und mit den Bröseln bestreuen. Die Torte zum Durchziehen mindestens 2 Stunden kühl stellen.

Mein Tip: Wenn Ihnen kein Grill zur Verfügung steht, können Sie die Kuchenbrösel auch bei Ober- und Unterhitze 225° in 20–25 Minuten rösten.

Möhren-Festtagstorte in drei Etagen

Die Möhren halten die Torte einige Tage frisch und saftig

Zutaten für eine Springform aus Schwarzblech von 28 cm ∅, von 24 cm ∅ und 18 cm ∅:
Für die Formen: Butter
Für den Teig:
14 Eigelb · 600 g Zucker
600 g Möhren
600 g gemahlene Mandeln
abgeriebene Schale von 2 unbehandelten Zitronen
Zimtpulver · 3 Eßl. Cognac
14 Eiweiß
Für die Füllung:
6 Eßl. Aprikosenmarmelade
2 Eßl. Cognac · 300 g dunkle Schokoladenkuvertüre
120 g gehobelte Mandelblättchen
24 kleine Marzipanmöhren

Anspruchsvoll

Bei 40 Stücken etwa:
1200 kJ/290 kcal pro Stück
Vorbereitungszeit: 50 Minuten
Kühlzeit: 3 Stunden
Fertigstellung: 1 Stunde

	Einstellung	Garzeit/ Minuten
Mikrowellen mit Umluft	180 Watt 160–180°	50–65
oder		
Mikrowellen mit Ober- und Unterhitze	180 Watt 180–200°	
Nur Mikrowellen	600 Watt	1– 2
Nur Mikrowellen	360 Watt	3– 5
Nur Grill	mittlere Stufe	3– 5
Gesamtgarzeit		57–77

Die Springformen buttern. • Die Torte wird in zwei Arbeitsgängen zubereitet. Zunächst 7 Eigelbe mit 300 g Zucker schlagen, bis eine weißschaumige Creme entsteht. • 300 g Möhren waschen, putzen, sehr fein reiben und zur Creme geben. • 300 g Mandeln, die Schale von 1 Zitrone, etwas Zimtpulver und 1½ Eßlöffel Cognac unter den Teig rühren. • 7 Eiweiße steif schlagen und unterheben. • Den Teig in die große Springform füllen, in die untere Schiene des Gerätes schieben und bei Mikrowellenleistung 180 Watt mit Umluft 160–180° 20–25 Minuten backen. • Inzwischen die restlichen Zutaten wie beschrieben zu einem zweiten Teig für die kleinen Formen zubereiten. Den Teig in die mittlere und kleinere Springform füllen. • Wenn das Gerät groß genug ist, können Sie die beiden Böden gleichzeitig in der unteren Schiene bei Mikrowellenleistung 180 Watt mit Umluft 160–180° 20–25 Minuten backen. Wenn nur eine Form Platz hat, die Böden nacheinander bei gleicher Einstellung jeweils 15–20 Minuten backen. • Die Garprobe machen und die Tortenböden aus dem Gerät nehmen. In den Formen kurze Zeit ruhen lassen. • Für die Füllung die Aprikosenmarmelade in einem mikrowellengeeigneten Geschirr bei Mikrowellenleistung 600 Watt in 1–2 Minuten verflüssigen und mit dem Cognac verrühren. Die Tortenböden dünn damit bestreichen, zur dreistöckigen Torte zusammensetzen und 3 Stunden kühl stellen. • Dann die Kuvertüre in einem mikrowellengeeigneten Gefäß bei Mikrowellenleistung 360 Watt in 3–5 Minuten schmelzen. Die Torte damit überziehen. • Die Mandelblättchen auf dem Backblech verteilen und in die mittlere Schiene des Gerätes schieben. Bei mittlerer Grillstufe 3–5 Minuten goldgelb bräunen. Oder die Mandeln in einer Pfanne ohne Fett bei starker Hitze bräunen. Mit den noch warmen Mandeln die Torte rundherum bestreuen. • Die Marzipanmöhrchen auf den Rändern der Tortenböden verteilen.

Mein Tip: Diese Torte können Sie schon 1–2 Tage vor dem Fest zubereiten, sie ist dann sehr gut durchgezogen und herrlich saftig.

Kartoffelkuchen mit Mandeln

Scheuen Sie sich nicht vor der ungewöhnlichen Kombination

Zutaten für eine Springform aus Schwarzblech von 26 cm Ø:
Für die Form: Butter
300 g Kartoffeln · 6 Eier
200 g Zucker · Saft und Schale von 1 unbehandelten Zitrone
200 g gemahlene Mandeln
100 g Marzipan-Rohmasse
200 g Sahne · 1 Päckchen Vanillinzucker
1 Eßl. Kakaopulver
12 Marzipankartoffeln
Puderzucker

Preiswert

Bei 12 Stücken etwa:
1500 kJ/360 kcal pro Stück
Vorbereitungszeit: 30 Minuten

	Einstellung	Garzeit/ Minuten
Nur Mikrowellen	600 Watt	5– 8
Mikrowellen mit Ober- und Unterhitze	90 Watt 170–190°	25–30
oder		
Mikrowellen mit Umluft	90 Watt 150–170°	25–30
Gesamtgarzeit		30–38

Die Form buttern. • Die Kartoffeln waschen und mit 2 Eßlöffeln Wasser in einer mikrowellengeeigneten Schüssel mit Deckel bei Mikrowellenleistung 600 Watt in 5–8 Minuten garen. • Die Kartoffeln pellen und fein reiben. • Die Eier trennen. Die Eiweiße steif schlagen. Die Eigelbe mit dem Zukker, dem Zitronensaft und der -schale zu einer weißschaumigen Creme schlagen. Die Kartoffeln und die Mandeln unterrühren, den Eischnee unterheben. • Den Teig in die Form füllen und in der unteren Schiene bei Mikrowellenleistung 90 Watt mit Ober- und Unterhitze 170–190° 25–30 Minuten backen. • Die Marzipan-Rohmasse dünn auf Puderzucker ausrollen. Mit dem Ring der Springform einen Kreis ausstechen und auf den Kuchen legen. • Die Sahne mit dem Vanillinzucker steif schlagen. Die Torte mit der Hälfte rundherum bestreichen und mit dem Kakao bestäuben. Mit der restlichen Sahne 12 Rosetten auf den Rand spritzen und in jede 1 Marzipankartoffel setzen.

Brombeerkranz

Im Tip finden Sie eine Abwandlung für Vollwertfreunde

Zutaten für eine Springform aus Schwarzblech von 26 cm ∅ mit einem Kranzformeinsatz:
Für die Form: Butter
Für den Teig:
250 g Butter · 250 g Zucker
5 Eier · Schale von
1 unbehandelten Zitrone
100 g Mehl · 100 g Speisestärke
2 Teel. Backpulver
50 g Kakaopulver
50 g gemahlene Mandeln
Für die Füllung:
500 g Brombeeren (frisch oder gefroren) · 5 Blatt weiße Gelatine · 9 Eßl. Cassislikör
500 g Magerquark
150 g Mascarpone · Saft von 1 Zitrone · Mark von ½ Vanilleschote · 100 g Honig
200 g halbbittere Kuvertüre

Anspruchsvoll

Bei 12 Stücken etwa:
2500 kJ/600 kcal pro Stück

Vorbereitungszeit: 20 Minuten
Auskühlzeit: 2 Stunden
Fertigstellung: 40 Minuten
Kühlzeit: 1 Stunde

	Einstellung	Garzeit/ Minuten
Nur Mikrowellen	600 Watt	1
Mikrowellen mit Ober- und Unterhitze	90 Watt 170–190°	30–35
oder		
Mikrowellen mit Umluft	90 Watt 150–170°	30–35
Nur Mikrowellen	600 Watt	10–15 Sekunden
Gesamtgarzeit		31–36

Die Form buttern. • Für den Teig die Butter in einer mikrowellengeeigneten Rührschüssel bei Mikrowellenleistung 600 Watt in 1 Minute geschmeidig werden lassen. Mit dem Zucker zu einer weißschaumigen Creme schlagen. Die Eier und die Zitronenschale dazugeben. Das Mehl, die Speisestärke, das Backpulver und das Kakaopulver mischen und auf die Creme sieben. Die Mandeln dazugeben und alles verrühren. • Den Teig in die Form füllen und auf dem Rost in der unteren Schiene bei Mikrowellenleistung 90 Watt mit Ober- und Unterhitze 170–190° 30–35 Minuten backen. • Den Kuchen erkalten lassen. • Für die Füllung die Brombeeren verlesen, waschen und abtropfen lassen (gefrorene in einem mikrowellengeeigneten Geschirr bei Mikrowellenleistung 180 Watt in 10–14 Minuten auftauen). • Die Gelatine einweichen. • Den Kuchen waagerecht zweimal durchschneiden und die drei Böden mit dem Likör tränken. Den Springformring mit Pergamentpapier auskleiden und um den unteren Boden schließen. • Den Quark mit dem Mascarpone, dem Zitronensaft, dem Vanillemark und dem Honig verrühren. • Die Brombeeren bis auf 12 Stück pürieren und zur Creme passieren. • Die Gelatine tropfnaß in einem mikrowellengeeigneten Gefäß bei Mikrowellenleistung 600 Watt in 10–15 Sekunden auflösen und mit der Creme verrühren. • Ein Drittel der Creme auf dem unteren Boden verteilen. • Den zweiten Boden darauf setzen und die Hälfte der restlichen Creme darauf verstreichen. Den letzten Boden aufsetzen und mit Brombeercreme bestreichen. Etwas Creme zurücklassen. Den Kranz 1 Stunde kühl stellen. • Den Kuchen rundherum mit der restlichen Creme bestreichen. • Die Kuvertüre in feine Späne hobeln, den Brombeerkranz damit bestreuen und die restlichen Brombeeren aufsetzen.

Mein Tip: Für die Vollwert-Variante bereiten Sie den Teig aus 250 g Butter, 170 g Honig, 5 Eiern, 100 g Weizenvollkornmehl, 100 g Buchweizenmehl, 2 Teelöffeln Weinstein-Backpulver, 50 g Carobpulver und 50 g gemahlenen Mandeln.

Fruchtige Bananentorte mit Quarkcreme

Vollreife Bananen geben ein intensives Aroma

Zutaten für eine Springform aus Schwarzblech von 26 cm ∅:
Für die Form:
Butter und Semmelbrösel
Für den Teig:
200 g Butter · 150 g Zucker
1 Prise Salz · 4 Eier
500 g Bananen · Saft von ½ Zitrone · 200 g Mehl
1 gestrichener Teel. Backpulver
Für die Füllung:
4 Eßl. Bananenlikör oder Apfelsaft · 6 Blatt weiße Gelatine · 200 g Magerjoghurt
200 g Magerquark
1 Teel. Zitronensaft
Für die Verzierung:
200 g Sahne · 1 Päckchen Vanillinzucker · 100 g getrocknete Bananenscheiben

Gelingt leicht

Bei 14 Stücken etwa:
1400 kJ/330 kcal pro Stück

Vorbereitungszeit: 40 Minuten
Auskühlzeit: 2 Stunden
Fertigstellung: 40 Minuten
Kühlzeit: 1 Stunde

	Einstellung	Garzeit/ Minuten
Nur Mikrowellen	600 Watt	½
Mikrowellen mit Ober- und Unterhitze	180 Watt 190–210°	20–22
oder		
Mikrowellen mit Umluft	180 Watt 170–190°	20–22
Nur Mikrowellen	600 Watt	10–15 Sekunden
Gesamtgarzeit		20½–22½

Die Form buttern und mit Semmelbröseln ausstreuen. • Für den Teig die Butter in einer mikrowellengeeigneten Rührschüssel bei Mikrowellenleistung 600 Watt in ½ Minute geschmeidig werden lassen. Mit dem Zucker zu einer weißschaumigen Creme schlagen. Das Salz einstreuen, die Eier nach und nach dazugeben. • Die Hälfte der Bananen schälen, in dünne Scheiben schneiden, mit dem Zitronensaft beträufeln und in den Teig rühren. Das Mehl und das Backpulver mischen und unterziehen. Den Teig in der Form verteilen. • Die Form auf dem Rost in die untere Schiene des Gerätes schieben. Bei Mikrowellenleistung 180 Watt mit Ober- und Unterhitze 190–210° 20–22 Minuten backen. Die Garprobe machen. Den Kuchen aus dem Gerät nehmen und ein paar Minuten in der Form ruhen lassen, dann herausnehmen und auf einem Kuchengitter 2 Stunden erkalten lassen. • Den Boden waagerecht halbieren und den unteren Boden mit dem Bananenlikör oder Apfelsaft tränken. • Den Ring der Springform mit Pergamentpapierstreifen auskleiden und um den Tortenboden schließen. • Für die Füllung die Gelatine in kaltem Wasser einweichen. • Die restlichen Bananen schälen und pürieren, den Joghurt und den Quark hinzufügen und alles zu einer cremigen Masse verrühren. Den Zitronensaft dazugeben. • Die Gelatine tropfnaß in einem mikrowellengeeigneten Gefäß bei Mikrowellenleistung 600 Watt in 10–15 Sekunden auflösen und mit der Bananencreme verrühren. Auf dem getränkten Boden verteilen und den anderen Boden daraufsetzen. Etwa 1 Stunde kühl stellen. • Vor dem Servieren die Sahne mit dem Vanillinzucker steif schlagen. Etwa ein Drittel davon in einen Spritzbeutel mit Sterntülle füllen. • Den Springformrand entfernen und die Torte rundherum mit der Sahne bestreichen und mit den getrockneten Bananen und Sahnetupfen aus dem Spritzbeutel verzieren.

Mein Tip: Nehmen Sie vollreife Bananen, sie haben ein intensiveres Aroma und lassen sich gut pürieren. Wenn Ihnen die Füllung nicht süß genug ist, geben Sie noch ein wenig Zucker dazu.

Nußtorte mit Krokant

Statt Mascarpone können Sie Doppelrahmfrischkäse, Quark und Crème fraîche zu gleichen Teilen verwenden

Zutaten für eine Springform aus Schwarzblech von 26 cm Ø:

Für die Form:
Backtrennpapier oder Butter

Für den Teig:
200 g Butter · 275 g Haselnußkerne · 250 g Puderzucker
6 Eier · 80 g Speisestärke
50 g Mehl · ½ gestrichener Teel. Backpulver

Für die Füllung:
200 g Sahne
500 g Mascarpone
100 g Zucker · 1 Eßl. Zitronensaft · 2 Eßl. Orangenlikör
100 g Haselnußkrokant
16 Stück Borkenschokolade zum Verzieren

Anspruchsvoll

Bei 16 Stücken etwa:
2300 kJ/550 kcal pro Stück
Vorbereitungszeit: 30 Minuten
Auskühlzeit: 2 Stunden
Fertigstellung: 40 Minuten
Kühlzeit: 1 Stunde

	Einstellung	Garzeit/ Minuten
Nur Mikrowellen	600 Watt	1
Mikrowellen mit Ober- und Unterhitze	90 Watt 160–180°	30–32
oder		
Mikrowellen mit Umluft	90 Watt 140–160°	
Gesamtgarzeit		31–33

Nur den Boden der Springform mit Backtrennpapier auslegen oder buttern. • Für den Teig die Butter in einer mikrowellengeeigneten Rührschüssel bei Mikrowellenleistung 600 Watt in 1 Minute geschmeidig werden lassen.
• Das Gerät ohne Zuschaltung von Mikrowellen auf 160° vorheizen. • Die Haselnußkerne mahlen und beiseite stellen.
• Die Butter mit dem Puderzucker schlagen, bis eine weißschaumige Creme entsteht. Nach und nach die Eier und 200 g Haselnüsse hinzugeben. Die Speisestärke, das Mehl und das Backpulver mischen und mit einem Schneebesen vorsichtig unter die Schaummasse heben. • Den Teig in die Form füllen und auf dem Rost in die untere Schiene des Gerätes schieben. Bei Mikrowellenleistung 90 Watt mit Ober- und Unterhitze 160–180° 30–32 Minuten backen. • Die Garprobe machen. Den Kuchen aus dem Gerät nehmen und in der Form etwas ruhen lassen. • Den Rand abnehmen und den Tortenboden auf ein Kuchengitter stürzen. 2 Stunden abkühlen lassen. Dann den Kuchen waagerecht halbieren. • Für die Füllung die Sahne steif schlagen und in den Kühlschrank stellen.
• Den Mascarpone mit dem Zucker und dem Zitronensaft sehr schaumig rühren. Die restlichen Haselnüsse, den Orangenlikör dazugeben und die geschlagene Sahne unterziehen. Die Hälfte der Creme auf dem Tortenboden verteilen. 50 g Haselnußkrokant darüber streuen. Das Tortenoberteil darauf setzen. • Den Kuchen mit der restlichen Creme rundherum bestreichen und mit dem übrigen Krokant bestreuen. Die Oberfläche mit der Borkenschokolade verzieren.

Mein Tip: Für eine Mandeltorte backen Sie den Tortenboden wie im Rezept beschrieben statt mit Haselnüssen mit 200 g gemahlenen Mandeln. Den erkalteten Tortenboden halbieren Sie dann waagerecht und tränken ihn gleichmäßig mit 8 Eßlöffeln Mandellikör. In die Mascarponecreme geben Sie statt der Nüsse und des Orangenlikörs 75 g gemahlene Mandeln und 2 Eßlöffel Mandellikör. Statt des Haselnußkrokants verwenden Sie für die Füllung und zum Verzieren 100 g Mandelblättchen, die Sie auf dem Backblech in der mittleren Schiene des Gerätes mit mittlerer Grillstufe 3–5 Minuten bräunen.

Kaffeetorte

Eine doppelstöckige Torte, mit einer »Café-Creme« gefüllt

Zutaten für je eine Springform aus Schwarzblech von 26 cm ∅ und von 18 cm ∅:

Für die Form:
Backtrennpapier oder Butter

Für den Teig: 450 g Butter
450 g Zucker · 9 Eier
Mark von 1 Vanilleschote
300 ccm starker kalter Kaffee
320 g Mehl · 1½ gestrichener Teel. Backpulver
250 g geriebene Mandeln

Für die Füllung:
3 Tafeln »Café-Creme«-Schokolade · 100 ccm Milch
8 Blatt Gelatine · 4 Eigelb
150 g Puderzucker
500 g Sahne · 2 Eiweiß
150 g Moccabohnen

Anspruchsvoll

Bei 24 Stücken etwa:
2300 kJ/550 kcal pro Stück
Vorbereitungszeit: 55 Minuten
Auskühlzeit: 1 Stunde
Fertigstellung: 40 Minuten
Kühlzeit: 1 Stunde

	Einstellung	Garzeit/ Minuten
Nur Mikrowellen	600 Watt	2
Mikrowellen mit Ober- und Unterhitze	90 Watt 190–210°	60–70
oder		
Mikrowellen mit Umluft	90 Watt 170–190°	60–70
Nur Mikrowellen	360 Watt	3– 4
Nur Mikrowellen	600 Watt	15–20 Sekunden
Gesamtgarzeit		65–76

Die Formen mit Backtrennpapier auslegen oder buttern. • Die Butter in einer mikrowellengeeigneten Rührschüssel bei Mikrowellenleistung 600 Watt in 2 Minuten geschmeidig werden lassen. Mit dem Zucker schaumig schlagen. Nach und nach die Eier dazugeben. Das Vanillemark und 250 ccm Kaffee dazugeben und verrühren. Das Mehl mit dem Backpulver und den Mandeln mischen und unter die Schaummasse rühren. Die kleine Springform mit Teig füllen. Auf dem Rost in der unteren Schiene bei Mikrowellenleistung 90 Watt mit Ober- und Unterhitze 190–210° 30–35 Minuten backen. Auf einem Kuchengitter erkalten lassen. • Den restlichen Teig mit dem Schneebesen durchrühren und in die größere Form füllen. Auf dem Rost in der unteren Schiene bei Mikrowellenleistung 90 Watt mit Ober- und Unterhitze 190–210° 30–35 Minuten backen. Auf einem Kuchengitter erkalten lassen. • Die Schokolade zerbröckeln und in ein mikrowellengeeignetes Gefäß geben. Die Milch hinzufügen und bei Mikrowellenleistung 360 Watt in 3–4 Minuten schmelzen. Die Schokolade glattrühren. • Die Gelatine einweichen. • Die Eigelbe mit dem Puderzucker sehr schaumig rühren. • Den restlichen Kaffee und die Schokolade untermischen. • Die Gelatine tropfnaß in einem mikrowellengeeigneten Geschirr bei Mikrowellenleistung 600 Watt in 15–20 Sekunden auflösen und mit der Schokoladencreme verrühren. • Die Sahne steif schlagen. Die Eiweiße steif schlagen und mit der Hälfte der Sahne unter die Creme ziehen. Die restliche Sahne in einen Spritzbeutel mit Sterntülle füllen und in den Kühlschrank legen. • Beide Tortenböden waagerecht halbieren. • Die Springformringe mit Pergamentpapierstreifen auskleiden und um die unteren Tortenböden schließen. Die Hälfte der Kaffeecreme auf beide verteilen. Jeweils den zweiten Boden aufsetzen, leicht andrücken und etwa 1 Stunde kaltstellen. • Die Springformringe lösen und die Böden zur zweistöckigen Torte zusammensetzen. Die restliche Creme eventuell mit etwas flüssiger Sahne glattrühren und rundherum auf die Torte streichen. Mit Sahnetupfen und Moccabohnen verzieren.

Erdbeersahnetorte

Der Teig wird durch gemahlene Mandeln besonders locker

Zutaten für eine Springform aus Schwarzblech von 26 cm ∅:
Für die Form:
Backtrennpapier oder Butter
Für den Teig:
5 Eier · 2 Eßl. heißes Wasser
200 g Zucker · 150 g Mehl
2 Teel. Backpulver
100 g gemahlene Mandeln
Für die Füllung:
750 g Erdbeeren
2 Eßl. Erdbeermarmelade
2 Eßl. Cognac · 625 g Sahne
2 Päckchen Vanillinzucker
3 Blatt Gelatine
80 g gehobelte Mandeln

Anspruchsvoll

Bei 12 Stücken etwa:
1900 kJ/450 kcal pro Stück
Vorbereitungszeit: 20 Minuten
Fertigstellung: 40 Minuten
Kühlzeit: 1 Stunde

	Einstellung	Garzeit/ Minuten
Mikrowellen mit Ober- und Unterhitze	90 Watt 180–200°	17–22
oder		
Mikrowellen mit Umluft	90 Watt 160–180°	
Nur Mikrowellen	600 Watt	½
Nur Mikrowellen	600 Watt	5–10 Sekunden
Nur Grill	mittlere Stufe	3– 5
Gesamtgarzeit		20½–27½

Nur den Boden der Springform mit Backtrennpapier auslegen oder buttern. • Das Gerät ohne Zuschaltung von Mikrowellen auf 180° vorheizen. • Für den Teig die Eier mit dem Wasser und dem Zucker zu einer weißschaumigen Creme schlagen. Das Mehl mit dem Backpulver und den Mandeln mischen und unter die Schaummasse ziehen. • Den Teig in die Form füllen. Auf dem Rost in der unteren Schiene bei Mikrowellenleistung 90 Watt mit Ober- und Unterhitze 180–200° 17–22 Minuten backen. • Die Garprobe machen und den Tortenboden aus dem Gerät nehmen. In der Form kurze Zeit ruhen lassen, herauslösen und auf einem Kuchengitter auskühlen lassen. • Dann für die Füllung die Erdbeeren putzen. • Den Tortenboden waagerecht zweimal durchschneiden. • Die Marmelade in einem mikrowellengeeigneten Gefäß bei Mikrowellenleistung 600 Watt in ½ Minute verflüssigen, mit dem Cognac verrühren und auf den unteren Boden streichen. • Die Sahne mit dem Vanillinzucker steif schlagen. • Die Gelatine einweichen. • Die Erdbeeren bis auf 12 Stück pürieren und unter die Sahne ziehen. • Die Gelatine tropfnaß in einem mikrowellengeeigneten Gefäß bei Mikrowellenleistung 600 Watt in 5–10 Sekunden auflösen und mit der Erdbeersahne verrühren. • Den Springformring mit Pergamentpapierstreifen auskleiden und um den unteren, mit der Marmelade bestrichenen Tortenboden schließen. • Ein Drittel der Erdbeersahne darauf verteilen. Den mittleren Boden aufsetzen und ebenfalls mit einem Drittel Erdbeersahne bestreichen. Den oberen Boden aufsetzen und die Torte für 1 Stunde in den Kühlschrank stellen. • Den Kuchen mit der Hälfte der restlichen Sahne rundherum bestreichen. Die andere Hälfte in einen Spritzbeutel füllen. • Die Mandelblättchen auf dem Backblech in der mittleren Schiene des Gerätes bei mittlerer Grillstufe in 3–5 Minuten goldgelb bräunen. Oder in der trockenen Pfanne bräunen. Die Torte rundherum bestreuen und mit Sahnetupfen und den restlichen Erdbeeren verzieren.

Mein Tip: Gefrorene Erdbeeren tauen Sie in einem mikrowellengeeigneten Geschirr bei 180 Watt in 10–15 Minuten auf.

Himbeerroulade

Gefüllt mit einer leckeren Creme

Zutaten für ein Backblech von 35×27 cm (33×39cm):
Für das Blech: Backtrennpapier
Für den Teig:
100 (150) g Butter
200 (300) g Puderzucker
4 (6) Eier · 150 (225) g Mehl
½ (1) gestrichener Teel. Backpulver
Für die Füllung:
200 (300) g Himbeeren
6 (8) Blatt Gelatine
250 (375) g Sahne
250 (375) g Magerquark
150 (225) g Zucker · 1 (2) Ei(er)
Für die Verzierung:
Kakaopulver · 125 g Sahne
Für die Arbeitsfläche: Zucker

Für besondere Anlässe

Bei 8 (12) Stücken etwa:
2350 kJ/565 kcal pro Stück
Vorbereitungszeit: 15 Minuten
Fertigstellung: 30 Minuten
Kühlzeit: 1 Stunde

	Einstellung	Garzeit/ Minuten
Nur Mikrowellen	600 Watt	½
Mikrowellen mit Ober- und Unterhitze	90 Watt 210–230°	8–12
oder		
Mikrowellen mit Umluft	90 Watt 190–210°	
Nur Mikrowellen	600 Watt	15–20 Sekunden
Gesamtgarzeit		8½–12½

Das Blech mit Backtrennpapier auslegen. • Für den Teig die Butter in einer mikrowellengeeigneten Rührschüssel bei Mikrowellenleistung 600 Watt in ½ Minute geschmeidig werden lassen. Das Gerät ohne Zuschaltung von Mikrowellen auf 210° vorheizen. Die Butter mit dem Puderzucker schlagen, bis eine weißschaumige Creme entsteht. Nach und nach die Eier unterrühren. Das Mehl mit dem Backpulver mischen und unterheben. Den Teig auf das Backblech streichen. • Das Blech in die untere Schiene des Gerätes schieben. Bei Mikrowellenleistung 90 Watt mit Ober- und Unterhitze 210–230° 8–12 Minuten backen. • Ein großes Geschirrtuch mit Zucker bestreuen und den Biskuit sofort darauf stürzen. Das Backtrennpapier abziehen. Mit dem Geschirrtuch den Teig sofort aufrollen und erkalten lassen. • Die Himbeeren waschen und in einem Sieb abtropfen lassen. • Die Gelatine einweichen. • Die Sahne steif schlagen und kühl stellen. • Den Quark mit dem Zucker und dem Ei schaumig rühren. • Die Gelatine tropfnaß in einem mikrowellengeeigneten Gefäß bei Mikrowellenleistung 600 Watt in 15–20 Sekunden auflösen und mit der Quarkcreme verrühren. Die Schlagsahne vorsichtig unterziehen. Die Creme für 10–15 Minuten kalt stellen. • Die Roulade dann wieder aufrollen und mit etwa der Hälfte der Creme bestreichen. Von den Himbeeren 8 (12) für die Verzierung beiseite stellen, die restlichen auf der Creme verteilen. Die Roulade zusammenrollen und auf eine Tortenplatte legen. • Für die Verzierung die Roulade rundherum mit der restlichen Creme bestreichen und mit Kakaopulver bestäuben. Die Sahne steif schlagen, in einen Spritzbeutel mit Sterntülle füllen und die Rolle mit Sahnetupfen und den ganzen Himbeeren verzieren.

Mein Tip: Eine gefüllte Roulade können Sie je nach Jahreszeit auch mit anderen Früchten zubereiten. Sehr gut eignen sich Erdbeeren, Heidelbeeren und Brombeeren.

Köstliche Heidelbeerkuchen

Mit Mandelguß oder knusprigen Streuseln

Heidelbeerkuchen mit Streuseln

im Bild links

Zutaten für eine Springform aus Schwarzblech von 26 cm Ø:
Für die Form: Butter
300 g Heidelbeeren
170 g Butter · 170 g Zucker
300 g Mehl

Gut vorzubereiten

Bei 12 Stücken etwa:
1100 kJ/260 kcal pro Stück
Vorbereitungszeit: 15 Minuten

	Einstellung	Garzeit/Minuten
Nur Mikrowellen	600 Watt	1½
Mikrowellen mit Ober- und Unterhitze	180 Watt 210–230°	17–19
oder		
Mikrowellen mit Umluft	180 Watt 190–210°	17–19
Gesamtgarzeit		18½–20½

Die Form buttern. • Die Heidelbeeren waschen?und in einem Sieb abtropfen lassen. • Die Butter in einer mikrowellengeeigneten Rührschüssel bei Mikrowellenleistung 600 Watt in 1½ Minuten flüssig werden lassen. • Das Gerät ohne Zuschaltung von Mikrowellen auf 210° vorheizen. • Den Zucker und das Mehl mischen, die Hälfte zur Butter geben und mit dem Knethaken des Handrührgerätes vermengen. Das restliche Zucker-Mehlgemisch hinzufügen, bis sich Streusel bilden. • Den Boden der Form mit der Hälfte des Streuselteigs bestreuen. Die Heidelbeeren darauf verteilen. Die restlichen Streusel darüber geben. • Die Form auf dem Rost in die untere Schiene des Gerätes schieben. Den Kuchen bei Mikrowellenleistung 180 Watt mit Ober- und Unterhitze 210–230° 17–19 Minuten backen.

Heidelbeerkuchen mit Mandelguß

im Bild rechts

Zutaten für die Fettpfanne von 25×35 cm (35×40 cm):
Für die Fettpfanne: Butter
750 g (1,1 kg) Heidelbeeren
200 (300) g weiche Butter
100 (150) g Zucker · 4 (7) Eier
400 (600) g Mehl
1 (1½) Teel. Backpulver
1 (1½) Eßl. Crème fraîche
1 Prise Salz · 150 (225) g Puderzucker · 150 (225) g gemahlene Mandeln

Gelingt leicht

Bei 16 (24) Stücken etwa:
1550 kJ/370 kcal pro Stück
Vorbereitungszeit: 25 Minuten

	Einstellung	Garzeit/Minuten
Mikrowellen mit Ober- und Unterhitze	180 Watt 190–210°	32–35
oder		
Mikrowellen mit Umluft	180 Watt 170–190°	32–35

Die Fettpfanne buttern. • Die Heidelbeeren waschen und in einem Sieb abtropfen lassen. • Die Butter mit dem Zucker schaumig rühren, 1 Ei (2 Eier) dazugeben und verrühren. Das Mehl, das Backpulver, die Crème fraîche und das Salz mit der Schaummasse verkneten. Den Teig in der Fettpfanne verteilen und mit der Gabel mehrmals einstechen. • Die restlichen Eier mit dem Puderzucker zu einer weißschaumigen Creme schlagen und die Mandeln unterheben. • Die Heidelbeeren auf dem Teig verteilen und die Mandelcreme darüber streichen. • In der unteren Schiene des Gerätes bei Mikrowellenleistung 180 Watt mit Ober- und Unterhitze 190–210° 32–35 Minuten backen. Den Kuchen im Gerät etwas ruhen lassen.

Früchtetarte mit Beeren

Der Teig wird konventionell gebacken – so wird er besonders zart

Zutaten für 1 Spring- oder Tarteform aus Schwarzblech von 28 cm ∅:
Für die Form: Butter
Zum Blindbacken: Backtrennpapier und Trockenerbsen
Für den Teig:
200 g Mehl · 150 g Butter
10 g Zucker · 1 Prise Salz
1 Eigelb
Für den Belag:
200 g Brombeeren
200 g Himbeeren
250 g rote Johannisbeeren
200 g schwarze Johannisbeeren
100 g Magerquark
100 g Crème fraîche · 4 Eier
1 Eiweiß · 70 g Zucker
2 Päckchen Vanillinzucker
Schale von ½ unbehandelten Zitrone
Für die Verzierung:
12 kleine Minzeblättchen
125 g Sahne · 1 Päckchen Vanillinzucker

Gelingt leicht

Bei 12 Stücken etwa:
1300 kJ/310 kcal pro Stück
Vorbereitungszeit: 15 Minuten
Kühlzeit: 30 Minuten
Fertigstellung: 45 Minuten

	Einstellung	Garzeit/ Minuten
Nur Ober- und Unterhitze	200–220°	15–25
oder		
Nur Umluft	180–200°	
Mikrowellen mit Ober- und Unterhitze	360 Watt 200–220°	15–25
oder		
Mikrowellen mit Umluft	360 Watt 180–200°	
Gesamtgarzeit		30–50

Die Form buttern. • Das Backtrennpapier in der Größe des Formbodens zurechtschneiden. • Für den Teig das Mehl, die Butter, den Zukker, das Salz und das Eigelb zu einem Mürbeteig verkneten. Den Teig 30 Minuten kühl stellen. • Das Gerät ohne Zuschaltung von Mikrowellen auf 200° Ober- und Unterhitze vorheizen. • Zwei Drittel des Teiges auf dem Boden der Form ausrollen und mit einer Gabel mehrmals einstechen. Den Springformrand ansetzen und aus dem restlichen Teig einen Rand formen. Das Backtrennpapier auf den Boden legen und mit Trockenerbsen bedecken. Den Teig auf dem Rost in die untere Schiene des Gerätes schieben und ohne Mikrowellen bei Ober- und Unterhitze 200–220° 15–25 Minuten backen. Nach 10–15 Minuten das Backtrennpapier mit den Erbsen vorsichtig abheben (nicht ausschütten, sonst fällt der Teig mit heraus). Den Teig noch 5–10 Minuten fertigbacken. • Den Boden erkalten lassen. • Für den Belag die Beeren verlesen, kurz kalt waschen und sehr gut trockentupfen. Von den Johannisbeeren 3–4 Rispen für die Verzierung beiseite stellen, die restlichen Beeren von den Stielen streifen. • Das Gerät ohne Zuschaltung von Mikrowellen auf 200° Ober- und Unterhitze vorheizen. • Den Quark mit der Crème fraîche, den Eiern, dem Eiweiß, dem Zucker, dem Vanillinzucker und der Zitronenschale verschlagen. • Die Beeren kreisförmig auf dem Tarteboden verteilen, den Quark-Guß darüber gießen. Auf dem Rost in der unteren Schiene des Gerätes bei Mikrowellenleistung 360 Watt mit Ober- und Unterhitze 200–220° 15–25 Minuten backen. • Die Minzeblättchen kurz kalt waschen und gut trockentupfen. • Die Sahne mit dem Vanillinzucker steif schlagen und in einen Spritzbeutel mit Sterntülle füllen. Die Tarte mit Sahnetupfen, den Rispen und der Minze verzieren.

Mein Tip: Backen Sie den Teig »blind« vor, so behält der Boden seine Form. Durch das Backtrennpapier bleiben die Erbsen nicht im Teig hängen.

Orangentorte

Wenn die Torte einige Stunden durchgezogen hat, schmeckt sie besonders gut

Zutaten für eine Springform aus Schwarzblech von 26 cm ∅:

Für die Form:
Backtrennpapier oder Butter

Für den Teig:
8 Eigelb · 250 g Zucker
1 Päckchen Vanillinzucker
2 Eßl. heißes Wasser
300 g Walnußkerne
100 g Mehl · 8 Eiweiß

Für die Füllung:
1 gehäufter Eßl. Orangenmarmelade · 2 Eßl. Orangenlikör oder Cognac · 625 g Sahne
2 Päckchen Vanillinzucker
2 Blatt Gelatine · 5 mittelgroße Orangen

Anspruchsvoll

Bei 12 Stücken etwa:
2300 kJ/550 kcal pro Stück
Vorbereitungszeit: 35 Minuten
Auskühlzeit: 1 Stunde
Fertigstellung: 40 Minuten
Kühlzeit: 1 Stunde

	Einstellung	Garzeit/ Minuten
Mikrowellen mit Ober- und Unterhitze	90 Watt 180–200°	30–35
oder		
Mikrowellen mit Umluft	90 Watt 160–180°	
Nur Mikrowellen	600 Watt	½
Nur Mikrowellen	600 Watt	5–10 Sekunden
Gesamtgarzeit		30½–35½

Nur den Boden der Springform mit Backtrennpapier auslegen oder buttern. • Das Gerät ohne Zuschaltung von Mikrowellen auf 180° vorheizen. • Die Eigelbe mit dem Zukker, dem Vanillinzucker und dem Wasser zu einer weißschaumigen Creme schlagen. • 250 g Walnüsse sehr fein mahlen und mit dem Mehl in die Eiercreme rühren. • Die Eiweiße steif schlagen und unterheben. • Den Teig in die Springform füllen. Auf dem Rost in der unteren Schiene bei Mikrowellenleistung 90 Watt mit Ober- und Unterhitze bei 180–200° 30–35 Minuten backen. • Die Garprobe machen und den Tortenboden aus dem Gerät nehmen. In der Form kurz ruhen lassen, herauslösen und auf einem Kuchengitter 1 Stunde auskühlen lassen. • Den Tortenboden zweimal waagerecht durchschneiden. • Die Orangenmarmelade in einem mikrowellengeeigneten Gefäß bei Mikrowellenleistung 600 Watt in ½ Minute verflüssigen. Mit dem Orangenlikör verrühren und auf den unteren Boden streichen. • Die Sahne mit dem Vanillinzucker steif schlagen, ein Drittel in den Kühlschrank stellen. • Die Gelatine einweichen. • 3 Orangen schälen, in kleine Würfel schneiden und unter die Sahne heben. • Die Gelatine tropfnaß in einem mikrowellengeeigneten Gefäß bei Mikrowellenleistung 600 Watt in 5–10 Sekunden auflösen und mit der Orangensahne verrühren. • Den Springformring mit Pergamentpapierstreifen auskleiden und um den unteren Tortenboden schließen. • Die Hälfte der Orangensahne auf dem Boden verteilen. Den mittleren Boden aufsetzen und mit der restlichen Orangensahne bestreichen. Den oberen Boden aufsetzen und die Torte für etwa 1 Stunde in den Kühlschrank stellen.
• Den Springformrand lösen und die Torte mit der Hälfte der restlichen Sahne rundherum bestreichen. Die andere Hälfte in einen Spritzbeutel füllen.
• Die zwei Orangen schälen, dabei die weiße Innenhaut völlig entfernen und in Scheiben schneiden. Diese oben auf den Rand und die Mitte der Torte legen. • Mit dem Spritzbeutel kleine Sahnetupfen um die Orangenscheiben verteilen. Den äußeren Rand mit den restlichen Walnußhälften verzieren.

Schokoladencremetorte

Der Tortenboden sollte am Vortag zubereitet werden

Zutaten für eine Springform aus Schwarzblech von 26 cm ∅:
Für die Form:
Backtrennpapier oder Butter
Für den Teig:
200 g Butter · 200 g Puderzucker · 200 g dunkle Schokoladenkuvertüre · 8 Eier
200 g gemahlene Mandeln
1 Eßl. Stärkemehl
Für die Füllung:
4 Eigelb · 50 g Zucker
1 Päckchen Vanillinzucker
40 g Kakaopulver · 625 g Sahne
3 Eßl. Aprikosenmarmelade
2 Eßl. Whisky oder Cognac
3 Blatt weiße Gelatine
16 Kekse oder Pralinen zum Verzieren

Anspruchsvoll

Bei 16 Stücken etwa:
2100 kJ/500 kcal pro Stück
Vorbereitungszeit: 30 Minuten
Auskühlzeit: 1 Tag
Fertigstellung: 40 Minuten
Kühlzeit: 1 Stunde

	Einstellung	Garzeit/ Minuten
Nur Mikrowellen	600 Watt	½– 1
Nur Mikrowellen	360 Watt	3– 4
Mikrowellen mit Ober- und Unterhitze	90 Watt 170–190°	40–45
oder		
Mikrowellen mit Umluft	90 Watt 150–170°	40–45
Nur Mikrowellen	600 Watt	3– 4
Nur Mikrowellen	600 Watt	½
Nur Mikrowellen	600 Watt	5–10 Sekunden
Gesamtgarzeit		47–54½

Nur den Boden der Form mit Backtrennpapier auslegen oder buttern. • Für den Teig die Butter in einer mikrowellengeeigneten Rührschüssel bei Mikrowellenleistung 600 Watt in ½–1 Minute geschmeidig werden lassen. Mit dem Zucker zu einer weißschaumigen Creme schlagen. Die Kuvertüre in einem mikrowellengeeigneten Gefäß bei Mikrowellenleistung 360 Watt in 3–4 Minuten schmelzen. Unter Rühren in die Buttermasse einfließen lassen. • Die Eier trennen. Die Eigelbe nach und nach unterrühren. Die Mandeln mit dem Stärkemehl in die Creme rühren. Die Eiweiße steif schlagen und unterheben. • Den Teig in die Form füllen und auf dem Rost in der unteren Schiene bei Mikrowellenleistung 90 Watt mit Ober- und Unterhitze 170–190° 40–45 Minuten backen. • Für die Füllung die Eigelbe mit dem Zucker und dem Vanillinzucker in einer mikrowellengeeigneten Rührschüssel schaumig schlagen. Mit dem Kakao und 375 g Sahne verrühren. Die Creme bei Mikrowellenleistung 600 Watt 3–4 Minuten erwärmen, nach je 1 Minute kräftig mit dem Schneebesen aufschlagen. Die Creme und den Tortenboden 1 Tag kühl stellen. • Den Tortenboden waagerecht durchschneiden. Den unteren Boden auf eine Tortenplatte legen. • Die Aprikosenmarmelade in einem mikrowellengeeigneten Gefäß bei Mikrowellenleistung 600 Watt in ½ Minute verflüssigen. Mit dem Whisky verrühren und auf den Boden streichen. • Den Springformring mit Pergamentpapierstreifen auskleiden und um den Tortenboden schließen. • Die Gelatine einweichen. • Die restliche Sahne steif schlagen. Die Schokoladencreme aufschlagen. • Die Gelatine tropfnaß in einem mikrowellengeeigneten Geschirr bei Mikrowellenleistung 600 Watt in 5–10 Sekunden auflösen und mit der Schokoladencreme verrühren. Die Sahne unterheben. • Die Hälfte auf den Tortenboden streichen. • Den zweiten Boden aufsetzen und die Torte rundherum mit der Hälfte der verbliebenen Creme bestreichen. Die restliche Creme in einen Spritzbeutel füllen und mit der Torte 1 Stunde kühl stellen. • Die Torte mit Cremetupfen und den Keksen oder Pralinen verzieren.

Klassische Weihnachtskuchen

Beide Kuchen sind mit Vollkornmehl gebacken

Früchtekuchen

im Bild links

Zutaten für 1 Gugelhupfform aus Schwarzblech von 21 cm Ø:

Für die Form:
Butter und Semmelbrösel
je 100 g getrocknete Aprikosen, ungeschwefelte Feigen und Backpflaumen (ohne Stein)
50 g Rosinen
⅛ l beliebiger Fruchtsaft
250 g Butter · 100 g Honig
5 Eier · 125 g Weizenvollkornmehl · 3 Teel. Weinstein-Backpulver · Zimtpulver
Lebkuchengewürz
125 g gemahlene Haselnüsse
100 g Mandelblättchen

Vollwertrezept

Bei 18 Stücken etwa:
1200 kJ/290 kcal pro Stück
Vorbereitungszeit: 40 Minuten

	Einstellung	Garzeit/ Minuten
Nur Mikrowellen	600 Watt	2– 3
Mikrowellen mit Ober- und Unterhitze	90 Watt 180–200°	30–35
oder		
Mikrowellen mit Umluft	90 Watt 160–180°	
Gesamtgarzeit		32–38

Die Form buttern und mit Semmelbröseln ausstreuen. • Die Trockenfrüchte fein würfeln. Die Rosinen und den Saft hinzufügen und in einem mikrowellengeeigneten Gefäß bei Mikrowellenleistung 600 Watt 2–3 Minuten quellen lassen. • Die Butter mit dem Honig schaumig schlagen. Die Eier untermischen. Das Mehl mit dem Backpulver, Zimtpulver, Lebkuchengewürz, den Nüssen und den Mandelblättchen mischen und unterrühren. Die Trockenfrüchte mit der Flüssigkeit unterziehen. • Den Teig in die Form füllen und auf dem Rost in der unteren Schiene bei Mikrowellenleistung 90 Watt mit Ober- und Unterhitze 180–200° 30–35 Minuten backen.

Orangenkuchen

im Bild rechts

Zutaten für eine Springform aus Schwarzblech von 26 cm Ø:

Für die Form: Butter
140 g weiche Butter · 140 g Zucker · 4 Eier · ¼ l Orangensaft
180 g Weizenvollkornmehl
1 Teel. Backpulver
140 g gemahlene Haselnüsse
150 g Schokoladenkuvertüre

Gelingt leicht

Bei 12 Stücken etwa:
1500 kJ/360 kcal pro Stück
Vorbereitungszeit: 20 Minuten
Fertigstellung: 30 Minuten

	Einstellung	Garzeit/ Minuten
Mikrowellen mit Ober- und Unterhitze	90 Watt 180–200°	30–35
oder		
Mikrowellen mit Umluft	90 Watt 160–180°	
Nur Mikrowellen	360 Watt	3– 4
Gesamtgarzeit		33–39

Die Form buttern. • Die Butter mit dem Zucker schaumig schlagen. Die Eier und den Orangensaft dazufügen. Das Mehl mit dem Backpulver und den Haselnüssen unterrühren. • Den Teig in die Form füllen und auf dem Rost in der unteren Schiene bei Mikrowellenleistung 90 Watt mit Ober- und Unterhitze 180– 200° 30–35 Minuten backen. • Die Kuvertüre in einem mikrowellengeeigneten Gefäß bei Mikrowellenleistung 360 Watt in 3–4 Minuten schmelzen auf den Kuchen streichen und trocknen lassen.

Mein Tip: Den Kuchen nach Belieben mit 100 g angerührtem Puderzucker und bunter Zuckerschrift lustig verzieren.

Honigkuchen

Ein traditionelles Weihnachtsgebäck mit Hirschhornsalz und Pottasche

Zutaten für ein Backblech von 35×27 cm (33×39 cm):

Für das Blech: Butter

Für die Verzierung:
- 36 (48) Mandeln
- 9 (12) kandierte Kirschen

Für den Teig:
- 170 (250) g Butter
- 170 (250) g Zucker
- 170 (250) g Zuckerrübensirup
- 330 (500) g Mehl
- 1½ (2) Teel. Zimtpulver
- 1½ (2) Teel. Lebkuchengewürz
- 85 (125) ccm Milch · 2 Eier
- 2 Eßl. lauwarmes Wasser
- ¾ (1) Teel. Pottasche
- 1 (1½) Teel. Hirschhornsalz

Für den Guß:
- 150 (200) g dunkle Schokoladenkuvertüre

Klassisches Rezept

Bei 16 (24) Stücken etwa:
1575 kJ/375 kcal pro Stück
Vorbereitungszeit: 30 Minuten
Fertigstellung: 15 Minuten

	Einstellung	Garzeit/ Minuten
Nur Mikrowellen	600 Watt	1½
Nur Mikrowellen	600 Watt	3– 4
Nur Mikrowellen	600 Watt	10–15 Sekunden
Mikrowellen mit Ober- und Unterhitze	90 Watt 180–200°	15–20
oder		
Mikrowellen mit Umluft	90 Watt 160–180°	15–20
Nur Mikrowellen	360 Watt	3– 4
Gesamtgarzeit		22½–29½

Das Backblech buttern. • Für die Verzierung ⅛ l Wasser in einem mikrowellengeeigneten Gefäß bei Mikrowellenleistung 600 Watt in 1 Minute zum Kochen bringen. Die Mandeln hineingeben und bei Mikrowellenleistung 600 Watt ½ Minute erhitzen. Dann die Mandeln in ein Sieb schütten und häuten. • Die Kirschen vierteln und mit den Mandeln beiseite stellen. • Für den Teig die Butter, den Zucker und den Zuckerrübensirup in eine mikrowellengeeignete Rührschüssel geben. Bei Mikrowellenleistung 600 Watt in 3–4 Minuten auflösen, dabei zwischendurch zweimal umrühren. • Das Gerät ohne Zuschaltung von Mikrowellen auf 180° vorheizen. • Das Mehl mit dem Backpulver, dem Zimtpulver und dem Lebkuchengewürz mischen und unter die Butter-Zuckermasse rühren. Die Milch und die Eier nach und nach dazufügen. • Das Wasser in einer mikrowellengeeigneten Tasse bei Mikrowellenleistung 600 Watt 10–15 Sekunden erwärmen, die Pottasche und das Hirschhornsalz darin auflösen und unter den Honigkuchenteig rühren. • Den Teig auf das Backblech streichen. Auf die untere Schiene des vorgeheizten Gerätes geben und den Kuchen bei Mikrowellenleistung 90 Watt mit Ober- und Unterhitze 180–200° 15–20 Minuten backen. • In der Zwischenzeit die Mandeln halbieren. • Wenn der Honigkuchen fertig ist, für den Guß die Schokoladenkuvertüre in ein mikrowellengeeignetes, hitzebeständiges Gefäß geben. Bei Mikrowellenleistung 360 Watt in 3–4 Minuten schmelzen. Die Schokoladenkuvertüre glattrühren und gleichmäßig auf dem warmen Honigkuchen verteilen. • Jeweils 4 Mandelhälften auf dem Kuchen so zu einem Stern zusammenlegen, daß dadurch 18 (24) Stücke Kuchen markiert werden. In die Mitte jedes Mandelsterns ¼ kandierte Kirsche legen. Die Schokolade trocknen lassen und den Kuchen in Stücke schneiden.

Mein Tip: Besonders schnell können Sie den Kuchen verzieren, indem Sie vor dem Backen 100 (150) g Mandelstifte auf den Teig streuen und diese mitbacken. Das verleiht dem Gebäck einen guten Geschmack und dient gleichzeitig als Verzierung.

Pikantes mit Gemüse, Fleisch und Fisch

Zum Backen gehören ja auch pikante Kuchen und Knabbereien, die so gut zu Bier und Wein passen. Und gerade hier – bei Strudeln, Brot, Tartes, Pizzen und Kleingebäck – sind die Mikrowellen besonders hilfreich. Vor allem Füllungen und Beläge können im Handumdrehen vorgegart oder aufgetaut werden – ein unschätzbares Plus. Durch die kürzeren und damit schonenderen Garzeiten bekommt das pikante Gebäck viel mehr Aroma. Das werden Sie schon beim ersten Versuch schmecken, zum Beispiel bei dieser hier abgebildeten Tomaten-Käsewähe. Das Rezept dafür finden Sie auf Seite 69.

Hefeteig-Piroggen

Mit Sauerkraut oder Spinat herzhaft und saftig gefüllt

Sauerkraut-Pirogge

Im Bild vorne

Zutaten für 10 Personen:
Für die Fettpfanne:
Backtrennpapier oder Butter
Für den Teig:
200 g Butter · 500 g Mehl
2 Päckchen Trockenhefe
1 Prise Zucker · 1 Teel. Salz
175 ml Milch
Für die Füllung:
100 g Zwiebeln
80 g Frühstücksspeck
300 g Kasseleraufschnitt
1 mittelgroßer Apfel
500 g Sauerkraut · 4 Eier
Salz · Pfeffer · 1 Eßl. Senf
250 g geriebener Emmentaler
1 Eigelb · 2 Eßl. Milch

Preiswert

Pro Person etwa:
2500 kJ/600 kcal
Vorbereitungszeit: 1 Stunde

	Einstellung	Garzeit/ Minuten
Nur Mikrowellen	600 Watt	½– 1
Nur Mikrowellen	600 Watt	¼– ½
Nur Mikrowellen	600 Watt	2– 3
Mikrowellen mit Ober- und Unterhitze	180 Watt 170–190°	25–30
oder		
Mikrowellen mit Umluft	180 Watt 150–170°	
Gesamtgarzeit		27¾–34½

Die Fettpfanne mit Backtrennpapier auslegen oder buttern. • Für den Teig die Butter in einer mikrowellengeeigneten Rührschüssel bei Mikrowellenleistung 600 Watt in ½–1 Minute geschmeidig werden lassen. Das Mehl mit der Hefe, dem Zucker und dem Salz dazugeben. • Die Milch bei Mikrowellenleistung 600 Watt in ¼–½ Minute erwärmen und in die Rührschüssel geben. Alles zu einem glänzenden geschmeidigen Teig verkneten. An einem warmen Ort gehen lassen. • Inzwischen für die Füllung die Zwiebeln fein hacken, den Speck fein würfeln und beides in einer mikrowellengeeigneten Schüssel bei Mikrowellenleistung 600 Watt 2–3 Minuten dünsten. • Den Kasseleraufschnitt würfeln. Den Apfel schälen, würfeln und mit dem Kasseler und dem Sauerkraut in eine große Rührschüssel geben. • Die Eier mit Salz, Pfeffer, dem Senf und dem Käse verrühren. • Das Zwiebelgemisch und die Eiermasse mit dem Sauerkraut mischen. • Den Hefeteig durchkneten und zu einem Rechteck von etwa 35 × 45 cm ausrollen. • Die Füllung auf dem vorderen Drittel des Teiges verteilen, von dieser Längsseite her aufrollen. Die Enden gut zusammendrükken. Mit der Nahtstelle nach unten in die Fettpfanne legen. Bei 50° Ober- und Unterhitze ohne Zuschaltung von Mikrowellen in der unteren Schiene 15 Minuten gehen lassen. • Das Eigelb mit der Milch verquirlen und die Pirogge damit bepinseln. • Bei Mikrowellenleistung 180 Watt mit Ober- und Unterhitze 170– 190° 25–30 Minuten backen.

<u>Variante: Spinat-Pirogge</u>
Den Hefeteig wie beschrieben zubereiten. Für die F–llung 600 g tiefgekühlten Blattspinat in einem mikrowellengeeigneten Gefäß mit Deckel bei Mikrowellenleistung 600 Watt in 8–10 Minuten auftauen, dabei mehrmals auflockern. 150 g gehackte Zwiebeln in einem mikrowellengeeigneten Geschirr bei Mikrowellenleistung 600 Watt 3–4 Minuten dünsten. 200 g gewürfelten gekochten Schinken, 3 Eier, 150 g Crème fraîche, 3 Eßlöffel Semmelbrösel, 100 g geriebenen Emmentaler, die Zwiebeln und 1 durchgepreßte Knoblauchzehe mit dem Spinat verrühren. Mit Salz, Pfeffer und Muskat abschmecken. Die Pirogge wie oben fertigstellen. Das Ergebnis sehen Sie im Bild hinten.

Blumenkohltorte

Schmeckt auch mit Broccoli

Zutaten für eine Springform aus Schwarzblech von 26 cm ∅:

Für die Form: Butter

Für den Teig:

200 g Weizenvollkornmehl

¼ Teel. Salz · 1 Ei · 100 g Butter

Für die Füllung:

750 g Blumenkohl · 250 g Zucchini · 250 g gekochter Schinken · 1 Bund Schnittlauch

200 g saure Sahne · 3 Eier · Salz

Pfeffer, frisch gemahlen

Muskatnuß, frisch gemahlen

Vollwertrezept

Bei 6 Stücken etwa:
1800 kJ/430 kcal pro Stück
Vorbereitungszeit: 50 Minuten

	Einstellung	Garzeit/ Minuten
Nur Mikrowellen	600 Watt	8–10
Mikrowellen mit Ober- und Unterhitze	180 Watt 190–210°	25–30
oder		
Mikrowellen mit Umluft	180 Watt 170–190°	25–30
Gesamtgarzeit		33–40

Die Form buttern. • Das Mehl mit dem Salz, dem Ei und der Butter verkneten. • Zwei Drittel des Teiges auf dem Boden der Form ausrollen, aus dem Rest einen Rand formen. 30 Minuten kühl stellen. • Den Blumenkohl in Röschen teilen und mit 4 Eßlöffeln Wasser in einem mikrowellengeeigneten Geschirr mit Deckel bei Mikrowellenleistung 600 Watt 8–10 Mixuten garen. • Die Zucchini in Scheiben schneiden und auf dem Teigboden verteilen. • Den Blumenkohl abgießen und auf den Zucchini verteilen. • Den Schinken fein würfeln und darüber streuen. • Den Schnittlauch in Röllchen schneiden und mit der sauren Sahne, den Eiern, Salz, Pfeffer und Muskat verquirlen. Über die Schinkenwürfel gießen. Auf dem Rost in der unteren Schiene bei Mikrowellenleistung 180 Watt mit Ober- und Unterhitze 190–210° 25–30 Minuten backen.

Tomatentorte mit Egerlingen

Dill gibt der Torte ein besonderes Aroma

Zutaten für eine Springform aus Schwarzblech von 28 cm ∅:

Für die Form: Butter

Für den Teig:

250 g Weizenvollkornmehl

¼ Teel. Salz · 1 Ei · 125 g Butter

Für den Belag:

300 g Egerlinge · 500 g Tomaten · 250 g Magerquark

150 g Crème fraîche · 3 Eier

Salz · Pfeffer, frisch gemahlen

2 Bund Dill · 100 g geriebener mittelalter Gouda

Vollwertrezept

Bei 6 Stücken etwa:
2300 kJ/550 kcal pro Stück
Vorbereitungszeit: 50 Minuten

	Einstellung	Garzeit/ Minuten
Mikrowellen mit Ober- und Unterhitze	180 Watt 190–210°	25–30
oder		
Mikrowellen mit Umluft	180 Watt 170–190°	25–30

Die Form buttern. • Das Mehl mit dem Salz, dem Ei und der Butter zu einem geschmeidigen Teig verkneten. • Zwei Drittel des Teiges auf dem Boden der Form ausrollen, aus dem restlichen Teig einen Rand formen. Den Teig 30 Minuten kühl stellen. • Dann die Egerlinge waschen, putzen, blättrig schneiden und auf dem Teigboden verteilen. • Die Tomaten waschen und in etwa ½ cm dicke Scheiben schneiden. • Den Quark, die Crème fraîche und die Eier verrühren. Mit Salz und Pfeffer abschmecken. • Den Dill waschen, trockentupfen, fein hacken und mit der Quark-Masse verrühren, diese über die Egerlinge gießen. Den Käse darüber streuen und mit den Tomaten belegen. • Die Torte auf dem Rost in der unteren Schiene des Gerätes bei Mikrowellenleistung 180 Watt mit Ober- und Unterhitze 190–210° 25–35 Minuten backen.

Pizza mit Gemüse bunt belegt

Besonders herzhaft mit Gorgonzola oder Mozzarella

Kartoffel-Lauch-Pizza

im Bild hinten

Zutaten für die Fettpfanne
25×35 cm (35×40 cm):
Für die Fettpfanne:
Backtrennpapier oder Butter
Für den Teig:
140 (200) g Butter · 340 (500) g
Mehl · 1 (1½) Päckchen
Trockenhefe · 1 Prise Zucker
½ (1) Teel. Salz · 120 (175) ccm
Milch
Für den Belag:
350 (500) g Kartoffeln
350 (500) g Lauch/Porree
1½ (2) mittelgroße Zwiebeln
80 (120) g Frühstücksspeck
350 (500) g Magerquark
200 (300) g Gorgonzola
2 (3) Eier · Salz · Pfeffer, frisch
gemahlen · 1 Bund Petersilie

Preiswert

Bei 10 Stücken etwa:
2600 kJ/620 kcal pro Stück
Vorbereitungszeit: 50 Minuten

	Einstellung	Garzeit/Minuten
Nur Mikrowellen	600 Watt	½– 1
Nur Mikrowellen	600 Watt	¼– ½
Nur Mikrowellen	600 Watt	5–10
Nur Mikrowellen	600 Watt	5– 8
Nur Mikrowellen	600 Watt	2– 3
Mikrowellen mit Ober- und Unterhitze	180 Watt 180–200°	25–30
oder		
Mikrowellen mit Umluft	180 Watt 160–180°	
Gesamtgarzeit		37¾–52½

Die Fettpfanne mit Backtrennpapier auslegen. • Die Butter in einer mikrowellengeeigneten Rührschüssel bei Mikrowellenleistung 600 Watt in ½–1 Minute geschmeidig werden lassen. Das Mehl mit der Hefe, dem Zucker und dem Salz zur Butter geben. • Die Milch bei Mikrowellenleistung 600 Watt ¼–½ Minute erwärmen und in die Rührschüssel geben. Alle Zutaten zu einem geschmeidigen Teig verkneten. Den Teig an einem warmen Ort gehen lassen. • Inzwischen für den Belag die Kartoffeln waschen und mit 3 Eßlöffeln Wasser in einer mikrowellengeeigneten Schüssel mit Deckel bei Mikrowellenleistung 600 Watt 5–10 Minuten garen. • Den Lauch längs einschneiden, waschen und in ½ cm breite Ringe schneiden. Mit 3 Eßlöffeln Wasser in einer mikrowellengeeigneten Schüssel mit Deckel bei Mikrowellenleistung 600 Watt 5–8 Minuten garen. • Die Zwiebeln fein hakken, den Speck würfeln und beides in einer mikrowellengeeigneten Schüssel mit Deckel bei Mikrowellenleistung 600 Watt 2–3 Minuten dünsten. • Den Quark, den Gorgonzola, die Eier, Salz und Pfeffer miteinander verrühren. • Die Kartoffeln pellen und in Scheiben schneiden. • Den Lauch, die Speckmasse und die Quarksauce mit den Kartoffeln sehr gut mischen. • Den Hefeteig durchkneten, zu einem Rechteck in der Größe der Fettpfanne ausrollen und die Fettpfanne damit auslegen. • Das Gemüse auf dem Teig verteilen. • Die Fettpfanne in die untere Schiene des Gerätes schieben. Bei Mikrowellenleistung 180 Watt mit Ober- und Unterhitze 180–200° 25–30 Minuten backen. • Die Petersilie fein hacken und auf die Pizza streuen.

Variante:
Pizza mit Mozzarella

Den Hefeteig wie beschrieben zubereiten und mit 370 g Tomatensauce aus der Packung, 250 g Cabanossi, 500 g Zucchini und 375 g Mozzarella in Scheiben belegen. Die Pizza mit 1 Eßlöffel Oregano bestreuen und wie beschrieben backen. Im Bild vorne die fertige Pizza.

Krautstrudel

Ein deftiger Strudel mit Wurst und Kümmel

Zutaten für 2 Strudel:
Für die Form: Backtrennpapier
200 g Mehl · 20 g Butter · 1 Ei
Salz · 4 Eßl. lauwarmes Wasser
1 Teel. Maiskeimöl
700 g Weißkraut
1 Teel. Kümmelkörner · 1 Prise
Zucker · 40 g Butterschmalz
2 Debreziner à etwa 100 g
Zum Bestreichen: 60 g Butter

Preiswert

Bei 10 Stücken etwa:
1000 kJ/240 kcal pro Stück
Vorbereitungszeit: 30 Minuten
Ruhezeit: 1 Stunde

	Einstellung	Garzeit/ Minuten
Nur Mikrowellen	600 Watt	½
Nur Mikrowellen	600 Watt	15
Nur Mikrowellen	600 Watt	1
Mikrowellen mit Ober- und Unterhitze	180 Watt 190–210°	18–20
oder		
Mikrowellen mit Umluft	180 Watt 170–190°	
Gesamtgarzeit		34½–36½

Die Fettpfanne mit Backtrennpapier auslegen. • Das Mehl auf die Arbeitsfläche sieben und eine Mulde formen. • Die Butter bei Mikrowellenleistung 600 Watt in ½ Minute geschmeidig werden lassen. Die Butter, das Ei, 1 Prise Salz und das Wasser in die Mulde geben. Die Zutaten mit den Händen zu einem glatten, geschmeidigen Teig verarbeiten. Den Teig mit dem Maiskeimöl bestreichen und bei Raumtemperatur mindestens 1 Stunde ruhen lassen. • Das Weißkraut putzen, in feine Streifen schneiden und in ein mikrowellengeeignetes Gefäß mit Deckel geben. Mit 1 Teelöffel Salz, dem Kümmel und dem Zucker würzen und das Butterschmalz dazugeben. Das Kraut geschlossen bei Mikrowellenleistung 600 Watt 15 Minuten dünsten. • Die Würstchen in 1 cm dicke Scheiben schneiden. • Das Gerät ohne Zuschaltung von Mikrowellen auf 190° vorheizen. • Die Hälfte des Teiges auf einem großen, bemehlten Tuch zuerst ausrollen, dann mit den Händen zu einem Rechteck von etwa 30×35 cm ausziehen. Es dürfen dabei keine Löcher entstehen. • Die Butter zum Bestreichen in einem mikrowellengeeigneten Geschirr bei Mikrowellenleistung 600 Watt in 1 Minute flüssig werden lassen. Den Teig mit etwas Butter bestreichen. • Die Hälfte des angedünsteten Weißkrauts auf das vordere Drittel verteilen. Die Hälfte der Würstchen darübergeben. Den Strudel von vorne locker aufrollen und die Enden einschlagen. Den Strudel mit der Nahtstelle nach unten in die Fettpfanne legen. • Die restlichen Zutaten genauso zu einem zweiten Strudel verarbeiten. Diesen ebenfalls in die Fettpfanne legen und beide Strudel nochmal mit Butter bestreichen. • Die Fettpfanne in die untere Schiene des vorgeheizten Gerätes schieben. Bei Mikrowellenleistung 180 Watt mit Ober- und Unterhitze 190–210° 18–20 Minuten backen. • Die Strudel zwischendurch mit der Butter bestreichen. • Wenn sie fertig gebakken sind, gleich heiß servieren.

Variante: Strudel mit Spinat und Hackfleisch
Den Strudelteig wie beschrieben zubereiten. Für die Füllung 1 mittelgroße Zwiebel fein hacken und mit 60 g Butter in einem mikrowellengeeigneten Gefäß bei Mikrowellenleistung 600 Watt 5–6 Minuten anschwitzen. 500 g aufgetauten oder blanchierten Spinat, 400 g gemischtes Hackfleisch, 2 Eier und 1 gewürfeltes Brötchen vom Vortag vermengen. Mit Salz, Pfeffer und Muskat würzen. Die Strudel füllen, in die Fettpfanne geben, mit Butter bestreichen und backen.

Kräuter-Wurst-Brot

Besonders pikant durch Salami und Käse

Zutaten für 1 Brot:
Für das Blech: Butter
3 tiefgekühlte Blätterteigplatten (150 g) · 1 Bund Petersilie
1 Bund Schnittlauch
500 g Mehl · 1 Würfel Hefe (42 g) · ¼ l lauwarmes Wasser
50 g geriebener Emmentaler
150 g Salami in Scheiben
1½ Teel. Salz · 1 Eigelb
1 Eßl. Sahne
1 Eßl. Sesamsamen

Gelingt leicht

Bei 15 Scheiben etwa:
1000 kJ/240 kcal pro Scheibe
Vorbereitungszeit: 20 Minuten
Ruhezeit: 30 Minuten

	Einstellung	Garzeit/ Minuten
Mikrowellen mit Ober- und Unterhitze	90 Watt 210–230°	35–40
oder		
Mikrowellen mit Umluft	90 Watt 190–210°	

Das Backblech buttern. • Die Blätterteigplatten auftauen lassen. • Die Petersilie und den Schnittlauch waschen, trokkentupfen. • Das Mehl in eine Rührschüssel geben und eine Mulde formen, die Hefe hineinbröckeln und mit etwas lauwarmem Wasser zu einem Vorteig anrühren. Abgedeckt 15 Minuten gehen lassen. • Die Petersilie hacken, den Schnittlauch in Röllchen schneiden, mit dem Käse in eine Schüssel geben. Die Salami und den Blätterteig kleinwürfeln und dazugeben. • Das Salz und das restliche Wasser lauwarm zu dem Mehl geben und zu einem geschmeidigen Teig verkneten. • Das Blätterteiggemisch mit dem Teig verkneten. Mit bemehlten Händen ein rundes Brot formen und auf das Backblech legen. 15 Minuten gehen lassen. • Das Eigelb mit der Sahne verquirlen, das Brot damit bepinseln und mit den Sesamsamen bestreuen. In der unteren Schiene bei Mikrowellenleistung 90 Watt mit Ober- und Unterhitze 210–230° 35–40 Minuten backen. Wenn das Brot beim Klopfen auf der Unterseite hohl klingt, ist es fertig.

Brote mit pikanter Füllung

Die beiden Teige lassen sich untereinander austauschen

Zwiebelbrot

im Bild links

Zutaten für eine Auflaufform
von etwa 25×25 cm:
Für die Form: Butter
125 g Quark · 2 Knoblauchzehen · 4 Eßl. Milch · 4 Eßl. Öl
1 Ei · 1 gestrichener Teel. Salz
250 g Weizenvollkornmehl
1 Päckchen Weinstein-Backpulver · 200 g Zwiebeln
100 g Butter · Thymian
Pfeffer, frisch gemahlen
Für die Arbeitsfläche: Mehl

Vollwertrezept

Bei 30 Scheiben etwa:
330 kJ/80 kcal pro Scheibe
Vorbereitungszeit: 40 Minuten

	Einstellung	Garzeit/ Minuten
Nur Mikrowellen	600 Watt	3– 4
Nur Mikrowellen	600 Watt	½
Mikrowellen mit Umluft	90 Watt 150–170°	20–30
oder		
Mikrowellen mit Ober- und Unterhitze	90 Watt 170–190°	20–30
Gesamtgarzeit		23½–34½

Die Form buttern. • Den Quark, die durchgepreßten Knoblauchzehen, die Milch, das Öl, das Ei, das Salz und das Mehl mit dem Backpulver gemischt verkneten und 30 Minuten kühl stellen. • Die Zwiebeln in Ringe schneiden. Mit 50 g Butter in einem mikrowellengeeigneten Gefäß bei Mikrowellenleistung 600 Watt 3–4 Minuten dünsten. • Die restliche Butter in einem mikrowellengeeigneten Gefäß bei Mikrowellenleistung 600 Watt in ½ Minute schmelzen. • Den Teig auf der bemehlten Arbeitsfläche zu einem Rechteck von 20×40 cm ausrollen. Mit der Butter bestreichen. Die Zwiebeln mit Thymian und Pfeffer würzen und darauf verteilen. Von der Schmalseite her aufrollen und längs halbieren. Die Hälften mit der Schnittfläche nach oben kreisförmig ganz nahe am Rand in die Form legen. Auf dem Rost in der unteren Schiene bei Mikrowellenleistung 90 Watt mit Umluft 150–170° 20–30 Minuten backen.

Käse-Quarkbrot

im Bild rechts

Zutaten für eine Auflaufform
von etwa 25×25 cm:
Für die Form: Butter
125 g Kräuterquark
4 Eßl. Milch · 4 Eßl. Öl · 1 Ei
Salz · 250 g Mehl · 1 Päckchen
Backpulver · 250 g mittelalter
Gouda · 50 g weiche Butter
Für die Arbeitsfläche: Mehl

Gelingt leicht

Bei 30 Scheiben etwa:
430 kJ/100 kcal pro Scheibe
Vorbereitungszeit: 20 Minuten

	Einstellung	Garzeit/ Minuten
Mikrowellen mit Umluft	90 Watt 150–170°	20–30
oder		
Mikrowellen mit Ober- und Unterhitze	90 Watt 170–190°	20–30

Die Form buttern. • Den Quark, die Milch, das Öl, das Ei, Salz und das Mehl mit dem Backpulver verkneten und 30 Minuten kühl stellen. • Den Gouda reiben. • Den Teig auf der bemehlten Arbeitsfläche zu einem Rechteck von 20×40 cm ausrollen, mit der Butter bestreichen und dem Käse bestreuen. Von der Schmalseite her aufrollen und längs halbieren. Die Hälften mit der Schnittfläche nach oben kreisförmig ganz nah an den Rand der Form legen. Auf dem Rost in der unteren Schiene bei Mikrowellenleistung 90 Watt mit Umluft 150–170° 20–30 Minuten backen.

Würziges Vollkornbrot

Wird herzhaft durch die Röstzwiebeln

Zutaten für 1 Brot:
Für das Blech: Butter
500 g Weizenvollkornmehl
2 Päckchen Trockenhefe
¼ l lauwarmes Wasser
¼ l Buttermilch (Raumtemperatur)
250 g Roggen-Vollkornmehl
50 g Röstzwiebeln · 1 Eßl. Salz
1 Eßl. Kümmelkörner
2 Eßl. Brotgewürz
Für die Arbeitsfläche: Mehl

Anspruchsvoll

Bei 16 Scheiben etwa:
480 kJ/115 kcal pro Scheibe
Vorbereitungszeit: 20 Minuten
Ruhezeit insgesamt: 1½ Stunden

	Einstellung	Garzeit/ Minuten
Mikrowellen mit Ober- und Unterhitze	90 Watt 210–230°	40–43
oder		
Mikrowellen mit Umluft	90 Watt 190–210°	40–43

Das Backblech buttern. • Das Gerät ohne Zuschaltung von Mikrowellen auf 50° vorheizen. • Das Weizenmehl in eine Rührschüssel geben, eine Mulde formen und die Hefe hineingeben. Mit etwas lauwarmem Wasser anrühren. Den Teig abdecken und in dem Gerät etwa 20 Minuten gehen lassen. • Das restliche Wasser, die Buttermilch und das Roggenmehl dazukneten. Die Röstzwiebeln mit dem Salz, dem Kümmel und dem Brotgewürz unterkneten. Den Teig wieder im Gerät bei 50° etwa 1 Stunde gehen lassen. • Den Teig auf der bemehlten Arbeitsfläche durchkneten, zu einem Laib formen und auf dem Backblech abgedeckt 10–15 Minuten im Gerät ruhen lassen. • Den Laib mit angefeuchteten Händen umstreichen und rautenförmig einschneiden. Mit einem Holzstäbchen mehrmals einstechen, damit die Luft entweicht. • Das Brot auf der unteren Schiene bei Mikrowellenleistung 90 Watt mit Ober- und Unterhitze 210–230° 40–43 Minuten backen. Das Brot ist fertig, wenn es auf der Unterseite beim Draufklopfen hohl klingt.

Würziges Vierkornbrot

Mit Leinsamen, Sesamsamen, Sonnenblumen- und Kürbiskernen

Zutaten für 1 Brot:
Für das Blech: Butter
500 g Weizenvollkornmehl
2 Päckchen Trockenhefe
¼ l lauwarmes Wasser
¼ l Kefir (Raumtemperatur)
250 g Roggen-Vollkornmehl
2 Eßl. Leinsamen · 3 Eßl. Sesamsamen · 2 Eßl. Sonnenblumenkerne · 1 Eßl. Kürbiskerne
1 Eßl. Salz · 2 Eßl. Brotgewürz

Vollwertrezept

Bei 16 Scheiben etwa:
750 kJ/180 kcal pro Scheibe
Vorbereitungszeit: 20 Minuten
Ruhezeit insgesamt: 1½ Stunden

	Einstellung	Garzeit/ Minuten
Mikrowellen mit Ober- und Unterhitze	90 Watt 210–230°	40–43
oder		
Mikrowellen mit Umluft	90 Watt 190–210°	40–43

Das Backblech buttern. • Das Gerät ohne Zuschaltung von Mikrowellen auf 50° vorheizen. • Das Weizenmehl in eine Rührschüssel geben und eine Mulde formen. Die Trokkenhefe hineingeben und mit etwas lauwarmem Wasser anrühren. Abdecken, in das Gerät stellen und etwa 20 Minuten gehen lassen. • Das restliche Wasser, den Kefir und das Roggenmehl dazukneten. Die Samen, die Kerne, das Salz und das Brotgewürz unterkneten. Den Teig zugedeckt etwa 1 Stunde im Gerät bei 50° gehen lassen. • Den Teig auf der bemehlten Arbeitsfläche durchkneten, zu einem Laib formen, auf das Backblech legen und zugedeckt nochmals 10–15 Minuten bei 50° im Gerät ruhen lassen. • Den Laib mit angefeuchteten Händen umstreichen und rautenförmig einschneiden. Den Laib mit einem Holzstäbchen mehrmals einstechen, damit die Luft entweichen kann. Das Brot auf der unteren Schiene bei Mikrowellenleistung 90 Watt mit Ober- und Unterhitze 210–230° 40–43 Minuten backen. • Das Brot ist gar, wenn es auf der Unterseite beim Draufklopfen hohl klingt.

Lauchtorte und Zwiebelkuchen – zwei Klassiker

Mit Speck und Sauerrahm pikant und saftig

Lauchtorte

im Bild links

Zutaten für eine Springform aus Schwarzblech von 28 cm ∅:
Für die Form: Butter
300 g Mehl · 200 g Butter
4 Eier · Salz · 750 g Lauch
300 g durchwachsener Speck
250 g saure Sahne · schwarzer Pfeffer, frisch gemahlen
1 Prise Muskatnuß, frisch gerieben

Preiswert

Bei 16 Stücken etwa:
1400 kJ/330 kcal pro Stück
Vorbereitungszeit: 30 Minuten

	Einstellung	Garzeit/ Minuten
Nur Mikrowellen	600 Watt	5
Nur Mikrowellen	600 Watt	4– 5
Mikrowellen mit Ober- und Unterhitze	180 Watt 160–180°	40–47
oder		
Mikrowellen mit Umluft	180 Watt 140–160°	40–47
Gesamtgarzeit		49–57

Die Form buttern. • Aus dem Mehl, der Butter, 1 Ei und 1 Prise Salz einen Mürbeteig zubereiten und kalt stellen. • Den Lauch putzen, waschen, in Ringe schneiden und in einem mikrowellengeeigneten Gefäß mit Deckel bei Mikrowellenleistung 600 Watt 5 Minuten geschlossen dünsten. • Den Speck klein würfeln. • Den Lauch in eine Schüssel füllen. In das gebrauchte Gefäß den Speck geben und geschlossen bei Mikrowellenleistung 600 Watt 4–5 Minuten auslassen. • Die Form mit dem Teig auslegen, den Boden mehrmals mit einer Gabel einstechen. Den Lauch mit dem Speck auf den Teig geben. Die restlichen Eier mit der sauren Sahne verrühren, mit Salz, Pfeffer und Muskat würzen und über dem Lauch verteilen. Die Torte auf dem Rost in der unteren Schiene bei Mikrowellenleistung 180 Watt mit Ober- und Unterhitze 160–180° 40–47 Minuten backen.

Zwiebelkuchen

im Bild rechts

Zutaten für ein Backblech von 27×35 cm (33×39 cm):
Für das Blech: Butter
300 (450) g Mehl · 200 (300) g Butter · 1 Prise Salz · 4 (6) Eier
1 (1,5) kg Zwiebeln
300 (450) g durchwachsener Speck · Pfeffer
je ½ Eßl. Majoran, Oregano und Kümmelkörner · ¼ Teel. Estragon · 200 (300) g Frischkäse

Sehr pikant

Bei 16 (24) Stücken etwa:
1375 kJ/330 kcal pro Stück
Vorbereitungszeit: 40 Minuten

	Einstellung	Garzeit/ Minuten
Nur Mikrowellen	600 Watt	15
Mikrowellen mit Ober- und Unterhitze	180 Watt 210–230°	35–40
oder		
Mikrowellen mit Umluft	180 Watt 190–210°	35–40
Gesamtgarzeit		50–55

Das Backblech buttern. • Aus dem Mehl, der Butter, dem Salz und 1 Ei einen Mürbeteig kneten und kaltstellen. • Für den Belag die Zwiebeln schälen, in Ringe schneiden und in ein mikrowellengeeignetes Gefäß mit Deckel geben. Den Speck klein würfeln, dazugeben und bei Mikrowellenleistung 600 Watt 15 Minuten geschlossen dünsten. Mit Pfeffer, dem Majoran, dem Oregano, dem Kümmel und dem Estragon würzen. Den Frischkäse mit den restlichen Eiern verrühren und hinzufügen. • Das Blech mit dem Mürbeteig auslegen, mit der Zwiebelmasse belegen und in der mittleren Schiene des Gerätes bei Mikrowellenleistung 180 Watt mit Ober- und Unterhitze 210– 230° 35–40 Minuten backen.

Herzhaftes Gebäck

Mit Schinken und Käse gefüllt oder geschichtet

Lothringer Specktorte

im Bild links

Zutaten für eine Springform aus Schwarzblech von 26 cm ∅:

Für die Form: Butter

Für den Teig:

200 g Mehl · Salz · 1 Ei

125 g Butter

Für den Belag:

150 g milder Schinkenspeck in dünnen Scheiben

250 g Emmentaler in dünnen Scheiben · 3 Eier · 150 g Crème fraîche · weißer Pfeffer, frisch gemahlen · Muskatnuß, frisch gerieben

Klassisches Rezept

Bei 6 Portionen etwa:
2800 kJ/670 kcal pro Portion
Vorbereitungszeit: 25 Minuten
Ruhezeit: 30 Minuten

	Einstellung	Garzeit/ Minuten
Mikrowellen mit Ober- und Unterhitze	180 Watt 180–200°	25–30
oder		
Mikrowellen mit Umluft	180 Watt 160–180°	25–30

Die Form buttern. • Das Mehl mit dem Salz, dem Ei und der Butter zu einem geschmeidigen Teig verkneten. • Zwei Drittel des Teiges auf dem Boden der Form ausrollen und aus dem restlichen Teig einen Teigrand formen. Den Teig 30 Minuten kühl stellen. • Die Schinken- und die Käsescheiben abwechselnd auf den Teig legen. • Die Eier mit der Crème fraîche verschlagen, mit Pfeffer und Muskat würzen und über den Belag gießen. • Den Kuchen auf dem Rost in der unteren Schiene des Gerätes bei Mikrowellenleistung 180 Watt mit Ober- und Unterhitze 180 bis 200° 25–30 Minuten backen.

Blätterteigpastete

im Bild rechts

Zutaten für eine Pastete:

Für das Blech: Backtrennpapier

1 Paket tiefgekühlter Blätterteig (300 g) · 350 g Mandarinen aus der Dose · 6 große Scheiben gekochter Schinken

300 g geriebener alter Gouda

1 Eiweiß · 1 Eigelb

1 Eßl. Sahne

Gelingt leicht

Bei 6 Portionen etwa:
2400 kJ/570 kcal pro Portion
Vorbereitungszeit: 30 Minuten

	Einstellung	Garzeit/ Minuten
Mikrowellen mit Umluft	180 Watt 150–170°	25–30
oder		
Mikrowellen mit Ober- und Unterhitze	180 Watt 170–200°	25–30

Den Blätterteig auftauen lassen. • Die Mandarinen abtropfen lassen. • Die aufgetauten Blätterteigplatten aufeinanderlegen und zu einem Rechteck von etwa 35 × 45 cm ausrollen. • Das mittlere Teigdrittel der Länge nach mit 2 Scheiben Schinken belegen, ein Drittel der Mandarinen in kleinen Abständen (etwa 1 cm) gleichmäßig darauf verteilen, mit einem Drittel geriebenem Käse bestreuen. Die Zutaten in der gleichen Reihenfolge noch zweimal darüber schichten. • Die Teigränder mit Eiweiß bestreichen, die Längsseiten über der Füllung zusammenklappen und gut andrücken. • Das Backblech mit Backtrennpapier auslegen. Die Pastete mit der Nahtstelle nach unten darauflegen. Das Eigelb mit der Sahne verquirlen und die Pastete damit bestreichen. In der unteren Schiene bei Mikrowellenleistung 180 Watt mit Umluft 150–170° 25–30 Minuten backen.

Gemüse-Vollkornkuchen

Läßt sich auch mit weißem Mehl zubereiten

Zutaten für die Fettpfanne von 25×35 cm (35×40 cm):
Für die Form: Butter
Für den Teig:
140 (200) g Butter
340 (500) g Weizenvollkornmehl · 1 (1½) Päckchen Trockenhefe · 1 Prise Zucker
½ (1) Teel. Salz
120 (175) ccm Milch
Für den Belag:
je 150 (225) g rote, grüne und gelbe Paprikaschoten
150 (225) g Zucchini
150 (225) g Auberginen
150 (225) g Lauch
300 (450) g Tomaten
Für den Guß:
250 (375) g saure Sahne
2 (3) Eier · Salz · weißer Pfeffer, frisch gemahlen · Paprikapulver
¼ (½) Teel. Kräuter der Provence · 1 (1½) Knoblauchzehe · 100 g Gruyère-Käse

Vollwertrezept

Bei 4 (6) Personen etwa:
3500 (3160) kJ/825 (750) kcal pro Person
Vorbereitungszeit: 50 Minuten

	Einstellung	Garzeit/ Minuten
Nur Mikrowellen	600 Watt	½
Nur Mikrowellen	600 Watt	½
Nur Mikrowellen	600 Watt	8–10
Mikrowellen mit Ober- und Unterhitze	180 Watt 180–200°	25–35
oder		
Mikrowellen mit Umluft	180 Watt 160–180°	
Gesamtgarzeit		34–46

Die Fettpfanne buttern. • Die Butter in eine mikrowellengeeignete Rührschüssel geben. Bei Mikrowellenleistung 600 Watt in ½ Minute geschmeidig werden lassen. Das Mehl mit der Hefe, dem Zucker und dem Salz mischen und zur Butter geben. • Die Milch in einem mikrowellengeeigneten Gefäß bei Mikrowellenleistung 600 Watt ½ Minute erwärmen und in die Rührschüssel geben. Alle Zutaten zu einem geschmeidigen Teig verkneten. • Den Teig an einem warmen Ort gehen lassen. • Inzwischen für den Belag die Paprikaschoten waschen, entkernen und in feine Würfel schneiden. Die Zucchini und die Auberginen waschen und ebenfalls fein würfeln. Den Lauch waschen und in feine Ringe schneiden. Das Gemüse in ein mikrowellengeeignetes Geschirr mit Deckel geben. Bei Mikrowellenleistung 600 Watt 8–10 Minuten vorgaren. • Die Tomaten mit kochendem Wasser überbrühen, häuten, fein würfeln, unter das Gemüse heben und alles abkühlen lassen. • Für den Guß die saure Sahne mit den Eiern verschlagen. Mit Salz, Pfeffer, Paprikapulver und den Kräutern der Provence würzen und die Knoblauchzehe dazupressen. • Den Gruyère-Käse reiben. • Den Teig durchkneten und in der Fettpfanne ausrollen. Das Gemüse darauf verteilen und den Guß darüber gießen. Den geriebenen Käse darüber streuen. Die Fettpfanne in die untere Schiene des Gerätes schieb*n. Den KucØen bei Mikrowellenleistung 180 Watt mit Ober- und Unterhitze 180–200° 25–35 Minuten backen.

Mein Tip: Besonders herzhaft schmeckt der Kuchen, wenn Sie ihn zusätzlich mit Zwiebeln und Schinken zubereiten: 100 (150) g fein gehackte Zwiebeln und 100 (150) g fein gewürfelten Schinkenspeck in einem mikrowellengeeigneten Gefäß bei Mikrowellenleistung 600 Watt 2–3 Minuten auslassen. Die Speck-Zwiebelmasse mit dem vorgegarten Gemüse mischen und auf dem Teig verteilen. Den Kuchen wie beschrieben backen.

Tomaten-Käsewähe

Mit einem Guß aus saurer Sahne

Zutaten für eine Springform aus Schwarzblech von 28 cm ∅:
Für die Form: Butter
Für den Teig:
250 g Mehl · 100 g saure Sahne
100 g Butter · 2 Eßl. Öl
¼ Teel. Salz
Für den Belag:
150 g Zwiebeln
100 g Frühstücksspeck
500 g Tomaten
Kräuter der Provence
200 g Emmentaler Käse in Scheiben · 1 Baguettebrötchen vom Vortag · 500 g saure Sahne
4 Eier · 2 Knoblauchzehen
Salz · weißer Pfeffer, frisch gemahlen · Paprikapulver
40 g Butter

Preiswert

Bei 6 Stücken etwa:
3600 kJ/860 kcal pro Stück
Vorbereitungszeit: 40 Minuten

	Einstellung	Garzeit/ Minuten
Nur Mikrowellen	600 Watt	2– 3
Mikrowellen mit Umluft	180 Watt 150–170°	25–35
oder		
Mikrowellen mit Ober- und Unterhitze	180 Watt 170–190°	
Gesamtgarzeit		27–38

Die Form buttern. • Das Mehl mit der sauren Sahne, der Butter, dem Öl und dem Salz in eine Rührschüssel geben und zu einem geschmeidigen Mürbeteig verkneten. • Zwei Drittel des Teiges auf dem Boden der Form ausrollen, den Springformrand ansetzen und aus dem restlichen Teig einen Teigrand formen. Den Teig etwa 30 Minuten kühl stellen. • Die Zwiebeln schälen, in feine Ringe schneiden und in ein mikrowellengeeignetes Geschirr mit Deckel geben. Den Frühstücksspeck sehr fein würfeln und dazugeben. Bei Mikrowellenleistung 600 Watt 2–3 Minuten auslassen. • Die Tomaten waschen, mit kochendem Wasser überbrühen, häuten, von den Stielansätzen befreien und in Scheiben schneiden. • Den Teig mit der Hälfte der Tomaten belegen. Kräuter der Provence darüber streuen. Das Zwiebel-Speckgemisch auf den Tomaten verteilen. Darauf die Hälfte der Käsescheiben legen. • Das Baguettebrötchen in dünne Scheiben schneiden und die Hälfte auf dem Käse verteilen. Dann die restlichen Tomaten auf die Brötchen legen und ebenfalls mit Kräutern der Provence bestreuen. Darauf die letzten Käse- und Brötchenscheiben schichten. • Die saure Sahne mit den Eiern verschlagen und die Knoblauchzehen dazupressen. Mit Salz, Pfeffer und Paprikapulver abschmecken. Den Guß gleichmäßig über die Wähe gießen. • Die Butter in kleinen Flöckchen auf die herausschauenden Brötchenscheiben setzen. • Die Wähe auf dem Rost in die untere Schiene des Gerätes schieben und bei Mikrowellenleistung 180 Watt mit Umluft 150–170° 25–35 Minuten backen.

Mein Tip: Sehr gut und besonders schnell können Sie diese Wähe auch mit tiefgekühltem Blätterteig zubereiten. Dafür lassen Sie 1 Paket mit 300 g Blätterteig etwa 20 Minuten auftauen. In dieser Zeit können Sie den Belag und den Guß für die Wähe vorbereiten. Möchten Sie die Wähe lieber fleischlos zubereiten, lassen Sie den Speck und die Zwiebeln einfach weg, sie schmeckt genauso gut und ist etwas bekömmlicher.

Pikant gefüllte Blätterteigtaschen

Werden je nach Gerätegröße auf 1 oder 2 Blechen gebacken

Blätterteigtaschen mit Spinat

im Bild links

Zutaten für 15 Taschen:
Für das Blech: Backtrennpapier
1 Paket tiefgekühlter Blätterteig (300 g) · 300 g Blattspinat mit Crème fraîche (tiefgefroren)
1 Knoblauchzehe · 150 g geriebener Emmentaler · Salz weißer Pfeffer · Muskatnuß
1 Eiweiß · 1 Eigelb · 1 Eßl. Sahne

Gelingt leicht

Pro Stück etwa: 520 kJ/120 kcal
Vorbereitungszeit: 35 Minuten

	Einstellung	Garzeit/ Minuten
Nur Mikrowellen	600 Watt	8–10
Mikrowellen mit Umluft	90 Watt 180–200°	10–15
oder		
Mikrowellen mit Ober- und Unterhitze	90 Watt 200–220°	10–15
Gesamtgarzeit		18–25

Den Blätterteig auftauen lassen. • Den Spinat in einem mikrowellengeeigneten Gefäß mit Deckel bei Mikrowellenleistung 600 Watt in 8–10 Minuten auftauen, zwischendurch auflockern. • Die Knoblauchzehe zerdrücken und mit dem Käse, Salz, Pfeffer und Muskat unter den Spinat mischen. • Das Gerät ohne Zuschaltung von Mikrowellen auf 180° vorheizen. • Die Teigplatten auf etwa 21 × 9 cm ausrollen und mit einem Messerrücken quer dritteln. In jedes Stück 1 Portion Füllung setzen. Die Ränder mit Eiweiß bepinseln. Die beiden Schmalseiten aufeinanderklappen, die Ränder zusammendrücken. • Das Backblech mit Backtrennpapier auslegen. Die Taschen darauf legen, das Eigelb mit der Sahne verrühren und auf die Taschen streichen. Auf der unteren Schiene bei Mikrowellenleistung 90 Watt mit Umluft 180–200° 10–15 Minuten backen.

Blätterteigtaschen mit Kalbsbrät

im Bild rechts

Zutaten für 15 Taschen:
Für das Blech: Backtrennpapier
1 Paket tiefgekühlter Blätterteig (300 g) · 1 Bund Petersilie
1 Bund Schnittlauch · 200 g Kalbsbrät · Salz · weißer Pfeffer, frisch gemahlen · 2 Teel. Dijonsenf · 2 Teel. Crème fraîche
1 Eiweiß · 1 Eigelb · 1 Eßl. Sahne

Gelingt leicht

Pro Stück etwa: 520 kJ/120 kcal
Vorbereitungszeit: 35 Minuten

	Einstellung	Garzeit/ Minuten
Mikrowellen mit Umluft	90 Watt 180–200°	10–15
oder		
Mikrowellen mit Ober- und Unterhitze	90 Watt 200–220°	10–15

Die Blätterteigplatten auftauen lassen. • Die Kräuter waschen und trockentupfen. • Das Kalbsbrät mit Salz, Pfeffer, dem Senf und der Crème fraîche verkneten. Die Petersilie fein hacken, den Schnittlauch in Röllchen schneiden und unter das Kalbsbrät mengen. • Das Gerät ohne Zuschaltung von Mikrowellen auf 180° vorheizen. • Jede Teigplatte auf etwa 21 × 9 cm ausrollen und mit einem Messerrücken quer dritteln. In jedes Stück 1 Teelöffel Füllung setzen. Die Ränder mit Eiweiß bepinseln. • Die beiden Schmalseiten aufeinanderklappen, die Ränder mit einer Gabel zusammendrücken. • Das Backblech mit Backtrennpapier auslegen. Die Taschen darauf legen. Das Eigelb mit der Sahne verrühren und auf die Taschen streichen. Auf der unteren Schiene bei Mikrowellenleistung 90 Watt mit Umluft 180–200° 10–15 Minuten backen.

Zwiebel-Speck-Törtchen

Je nach Gerätegröße passen 4 oder 6 Förmchen auf den Geräterost

Zutaten für 4 (6) Torteletttförmchen aus Schwarzblech von 11 cm ∅:
- Für die Förmchen: Butter
- 2 (3) tiefgekühlte Blätterteigplatten (100/150 g)
- 100 (150) g rote Zwiebeln
- 65 (100) g Schinkenspeck
- 15 (20) g Butter
- 10 (15) g Mehl
- 4 (6) Eßl. Milch
- 4 (6) Eßl. Sahne · 1 (2) Ei(er)
- weißer Pfeffer, frisch gemahlen
- Muskatnuß, frisch gerieben
- 8 (12) Walnußkernhälften

Gelingt leicht

Bei 4 (6) Stücken etwa:
1550 kJ/375 kcal pro Stück
Vorbereitungszeit: 35 Minuten

	Ein-stellung	Garzeit/ Minuten
Nur Mikrowellen	600 Watt	2– 3
Nur Mikrowellen	600 Watt	1
Nur Mikrowellen	600 Watt	½– 1
Nur Mikrowellen	600 Watt	1– 1½
Mikrowellen mit Umluft	90 Watt 180–200°	8–14
oder		
Mikrowellen mit Ober- und Unterhitze	90 Watt 200–220°	8–14
Gesamtgarzeit		12½–19½

Die Förmchen buttern. • Die Blätterteigplatten auftauen lassen. • In der Zwischenzeit die Zwiebeln schälen, in feine Ringe schneiden und in ein mikrowellengeeignetes Gefäß mit Deckel geben. Den Schinkenspeck fein würfeln und mit den Zwiebeln bei Mikrowellenleistung 600 Watt in 2–3 Minuten auslassen und dann abkühlen lassen. • Die Butter in einem mikrowellengeeigneten Gefäß offen bei Mikrowellenleistung 600 Watt in 1 Minute flüssig werden lassen. Das Mehl dazufügen und verrühren, bei Mikrowellenleistung 600 Watt ½–1 Minute anschwitzen. Mit der Milch und der Sahne glattrühren. Die Sauce bei Mikrowellenleistung 600 Watt 1–1½ Minuten aufkochen, nochmals verrühren und beiseite stellen. • Das Gerät ohne Zuschaltung von Mikrowellen auf 180° vorheizen. • Jede einzelne Blätterteigplatte etwas ausrollen und mit Hilfe eines Förmchens einen 12 cm großen Kreis ausradeln und ein Förmchen damit auskleiden. Den Rest der Teigplatte aufeinanderlegen (nicht verkneten), ausrollen und den zweiten Kreis ausradeln und das zweite Förmchen auskleiden. Mit der zweiten (dritten) Blätterteigplatte ebenso verfahren. • Das Zwiebel-Speckgemisch auf den Blätterteigböden verteilen. • Die Sauce mit dem Ei (den Eiern) verrühren und mit Pfeffer und Muskat würzen. Gleichmäßig mit einem Eßlöffel über die Zwiebel-Speckmasse geben. Jedes Törtchen mit 2 Walnußhälften belegen. • Die Förmchen auf dem Rost anordnen, in die untere Schiene des Gerätes schieben. Bei Mikrowellenleistung 90 Watt mit Umluft 180–200° 8–14 Minuten backen.

Mein Tip: Die Blätterteigtörtchen lassen sich sehr gut auch mit Hackfleisch füllen. Kleiden Sie die Förmchen wie beschrieben mit Blätterteig aus. Für die Füllung verkneten Sie 170 (250) g gemischtes Hackfleisch mit 100 (150) g gewürfelten roten Paprikaschoten und mit je 1 (1½) Eßlöffeln fein gehackten Zwiebeln und Petersilie. Dazu geben Sie 1 Ei, 1 (2) Eßlöffel Crème fraîche und 1 (1½) Teelöffel Senf und würzen die Masse mit Salz, Pfeffer, Paprikapulver und Cayennepfeffer. Die Hackmasse verteilen Sie auf den Teig in die Förmchen, bestreuen sie mit 1 (1½) Eßlöffeln Pinienkernen und backen sie wie in nebenstehendem Rezept.

Feine Lachstarte

Der Teig wird konventionell vorgebacken

Zutaten für eine Tarte- oder Springform aus Schwarzblech von 26 cm ∅:
Für die Form: Butter
Backtrennpapier und Trockenerbsen zum Blindbacken

Für den Teig:
200 g Mehl · 150 g Butter
1 Prise Zucker · Salz · 1 Eigelb

Für den Belag:
500 g geräucherter Lachs in Scheiben · 3 Eßl. Crème fraîche
1 Teel. Meerrettich · 250 g Sahne · 2 Eier · 1 Eiweiß · Salz
weißer Pfeffer, frisch gemahlen
1 Messerspitze Cayennepfeffer
5 Zweige Dill

Für die Verzierung:
200 g Sahne · 3 Teel. Meerrettich aus dem Glas

Anspruchsvoll

Bei 12 Stücken etwa:
1600 kJ/380 kcal pro Stück
Vorbereitungszeit: 15 Minuten
Kühlzeit: 30 Minuten
Fertigstellung: 25 Minuten

	Einstellung	Garzeit/ Minuten
Nur Ober- und Unterhitze	200–220°	15–25
oder		
Nur Umluft	180–200°	
Mikrowellen mit Ober- und Unterhitze	360 Watt 200–220°	10–15
oder		
Mikrowellen mit Umluft	360 Watt 180–200°	
Gesamtgarzeit		25–40

Die Form buttern. • Das Backtrennpapier in der Größe des Formbodens zurechtschneiden. • Für den Teig das Mehl, die Butter, den Zucker, Salz und das Eigelb verkneten. • Den Teig 30 Minuten kühl stellen. • Das Gerät ohne Zuschaltung von Mikrowellen auf 200° Ober- und Unterhitze vorheizen. • Zwei Drittel des Teiges auf dem Boden der Form ausrollen und mit einer Gabel mehrmals einstechen. Den Springformrand ansetzen und aus dem restlichen Teig einen Rand formen. Das Backtrennpapier auf den Teigboden legen und mit Trockenerbsen bedekken. Auf dem Rost in der unteren Schiene ohne Mikrowellen mit Ober- und Unterhitze 200–220° backen. Nach 10–15 Minuten die Erbsen und das Backtrennpapier abnehmen (nicht ausschütten, sonst fällt der Teig auch heraus). Den Teig in weiteren 5–10 Minuten goldgelb backen. • Den Boden herausnehmen und erkalten lassen. • Inzwischen für den Belag den Lachs in 1,5 cm breite Streifen schneiden. • Die Crème fraîche mit dem Meerrettich verrühren. Die Lachsstreifen damit von einer Seite sehr dünn bestreichen und von der Schmalseite aufrollen. • Die Sahne mit den Eiern und dem Eiweiß verschlagen. Mit Salz, Pfeffer und dem Cayennepfeffer würzen. • Das Gerät ohne Zuschaltung von Mikrowellen auf 200° vorheizen. • Den Dill waschen und hacken (ein paar kleine Zweige für die Garnierung zurücklassen). Die Hälfte mit der Eiersahne verrühren. • Die Eiersahne auf den Tarteboden gießen. Die Lachsröllchen aufrecht nebeneinander hineinstellen und mit dem restlichen Dill bestreuen. Die Tarte auf dem Rost in der unteren Schiene bei Mikrowellenleistung 360 Watt mit Ober- und Unterhitze 200– 220° 10–15 Minuten backen, bis die Eiersahne gestockt und leicht gebräunt ist. • Für die Verzierung die Sahne steif schlagen und mit dem Meerrettich mischen. Die Masse in einen Spritzbeutel mit Sterntülle füllen und in den Kühlschrank legen. • Die Tarte in der Form etwas abkühlen lassen. Mit der Meerrettich-Sahne und den Dillzweigen verzieren.

Mein Tip: Diese Torte schmeckt gleichermaßen warm oder kalt. Sie läßt sich bei Mikrowellenleistung 600 Watt in 1–2 Minuten gut erwärmen.

Spinat-Seelachs-Tarte

Sie können auch tiefgefrorenen Spinat verwenden

Zutaten für eine Spring- oder Tarteform aus Schwarzblech von 28 cm ∅:
Für die Form: Butter
Backtrennpapier und Trockenerbsen zum Blindbacken
Für den Teig:
200 g Mehl · 150 g Butter
1 Prise Zucker · Salz · 1 Eigelb
Für den Belag:
600 g Spinat · 500 g Seelachsfilet · Saft von 1 Zitrone
3 Schalotten
100 g Champignons
150 g Crème fraîche · 2 Eier
1 Eiweiß · 3 Eßl. Semmelbrösel
150 g Butterkäse, frisch gerieben · Salz · schwarzer Pfeffer, frisch gemahlen
Muskatnuß, frisch gerieben
Für die Verzierung:
2 Zweige Dill · 3 Eßl. Crème fraîche · 50 g Grönlandkrabben

Anspruchsvoll

Bei 12 Stücken etwa:
1400 kJ/330 kcal pro Stück
Vorbereitungszeit: 15 Minuten
Kühlzeit: 30 Minuten
Fertigstellung: 35 Minuten

	Einstellung	Garzeit/ Minuten
Nur Ober- und Unterhitze	200–220°	15–25
oder		
Nur Umluft	180–200°	
Nur Mikrowellen	600 Watt	5– 6
Nur Mikrowellen	600 Watt	2– 3
Mikrowellen mit Ober- und Unterhitze	360 Watt 200–220°	15–20
oder		
Mikrowellen mit Umluft	360 Watt 180–200°	
Gesamtgarzeit		37–54

Die Form buttern. • Das Backtrennpapier in der Größe des Formbodens zurechtschneiden. • Für den Teig das Mehl, die Butter, den Zucker, Salz und das Eigelb verkneten. Den Teig 30 Minuten kühl stellen. • Das Gerät ohne Zuschaltung von Mikrowellen auf 200° Ober- und Unterhitze vorheizen. • Zwei Drittel des Teiges auf dem Boden der Form ausrollen und mit einer Gabel mehrmals einstechen. Den Rand der Springform ansetzen und aus dem restlichen Teig einen Rand formen. Das Backtrennpapier auf den Boden legen und mit Trockenerbsen bedecken. Auf dem Rost in der unteren Schiene ohne Mikrowellen mit Ober- und Unterhitze 200– 220° vorbacken. Nach 10–15 Minuten das Papier mit den Erbsen vorsichtig abheben (nicht ausschütten, sonst fällt der Teig mit heraus). Den Teig in weiteren 5–10 Minuten fertigbacken. • Den Boden erkalten lassen. • Inzwischen für den Belag den Spinat waschen und in einem mikrowellengeeigneten Gefäß mit Deckel bei Mikrowellenleistung 600 Watt 5–6 Minuten garen. • Das Seelachsfilet in Würfel schneiden. Den Zitronensaft darüber träufeln. • Den Spinat abtropfen lassen. • Die Schalotten schälen, fein hacken und in dem benutzten Gefäß geschlossen bei Mikrowellenleistung 600 Watt 2–3 Minuten dünsten. • Das Gerät ohne Zuschaltung von Mikrowellen auf 200° vorheizen. • Den Spinat ausdrücken, grob schneiden und zu den Zwiebeln geben. • Die Champignons blättrig schneiden. Mit der Crème fraîche, den Eiern, dem Eiweiß, den Semmelbröseln und zwei Dritteln des Käses mit dem Spinat vermengen, mit Salz, Pfeffer und Muskat abschmecken und die Seelachswürfel unterheben. Den Belag auf dem Boden verteilen und mit dem restlichen Käse bestreuen. Die Tarte auf dem Rost in der unteren Schiene bei Mikrowellenleistung 360 Watt mit Ober- und Unterhitze 200–220° 15–20 Minuten backen. • Die Tarte etwas ruhen lassen und mit der Crème fraîche, den Krabben und dem Dill garnieren.

Schinken-Käsegebäck

Mit einem Kräuterguß gebacken

Zutaten für die Fettpfanne von 25×35 cm (35×40 cm):
Für die Fettpfanne: Butter
Für den Teig:
140 (200) g Mehl · ¼ (½) Teel. Salz · 100 (150) g Butter
2 (3) Eßl. kaltes Wasser
150 (250) g saure Sahne
3 (4) Eier · ⅔ (1) Bund Petersilie
⅔ (1) Bund Schnittlauch
2 (3) Salbeiblätter · ⅔ (1) Teel. Paprikapulver, edelsüß
2 (3) Eßl. Semmelbrösel
Für den Belag:
100 (150) g Schinkenspeck in Scheiben · 150 (225) g junger Gouda in Scheiben

Gut vorzubereiten

Bei 26 (38) Stücken etwa:
460 kJ/120 kcal pro Stück
Vorbereitungszeit: 20 Minuten
Kühlzeit: 30 Minuten

	Einstellung	Garzeit/ Minuten
Mikrowellen mit Umluft	180 Watt 160–180°	25–35
oder		
Mikrowellen mit Ober- und Unterhitze	180 Watt 180–200°	25–35

Die Fettpfanne buttern. • Für den Teig das Mehl, das Salz, die Butter und das Wasser in einer Schüssel miteinander verkneten, 30 Minuten kühl stellen. • Inzwischen die saure Sahne mit den Eiern verquirlen. Die Petersilie, den Schnittlauch und die Salbeiblättchen waschen und trockentupfen. Die Petersilie und die Salbeiblätter fein hacken, den Schnittlauch in Röllchen schneiden und zur Sahne-Eiermasse geben. Mit dem Paprikapulver würzen. • Den Mürbeteig in der Fettpfanne ausrollen und die Semmelbrösel gleichmäßig darüber streuen, erst mit Schinken, dann mit Käse dicht belegen. Den Kräuterguß darüber gießen. • Das Gebäck in der unteren Schiene bei Mikrowellenleistung 180 Watt mit Umluft 160–180° 25–35 Minuten backen • Schneiden Sie das Gebäck warm oder kalt in Dreiecke oder Rauten auf und reichen es zum Wein oder Bier.

Möhren-Kohlrabi-Pizza

Mit Walnußöl zubereitet

Zutaten für eine Springform aus Schwarzblech von 28 cm Ø:
Für die Form: Butter
Für den Teig: 150 g Mehl · Salz
10 g Hefe · 1 Prise Zucker
100 ccm lauwarmes Wasser
1 Eßl. Cognac
Für den Belag: 300 g Möhren
300 g Kohlrabi · 1 Bund
Petersilie · Zucker · Salz · Pfeffer
8 Eßl. Walnußöl · 25 g gehackte
Walnüsse · 200 g Mozzarella in
Scheiben

Preiswert

Bei 6 Stücken etwa:
1700 kJ/400 kcal pro Stück
Vorbereitungszeit: 40 Minuten

	Einstellung	Garzeit/ Minuten
Nur Mikrowellen	600 Watt	5– 8
Mikrowellen mit Ober- und Unterhitze	180 Watt 180–200°	25–30
oder		
Mikrowellen mit Umluft	180 Watt 160–180°	
Gesamtgarzeit		30–38

Die Form buttern. • Für den Teig das Mehl und Salz in eine Rührschüssel geben, eine Mulde formen, die Hefe hineinbröckeln, mit dem Zucker und 1 Eßlöffel Wasser zu einem Vorteig verrühren. Abgedeckt an einem warmen Ort 10 Minuten gehen lassen. • Mit dem restlichen Wasser und dem Cognac verkneten und nochmals gehen lassen. • Inzwischen für den Belag die Möhren in Scheiben, die Kohlrabi in Stifte schneiden. In einem mikrowellengeeigneten Gefäß mit Deckel bei Mikrowellenleistung 600 Watt 5–8 Minuten garen. • Die Petersilie fein hacken. • Das Gemüse mit Zucker, Salz, Pfeffer und der Petersilie abschmecken. • Den Teig in der Form verteilen und mit 2 Eßlöffeln Öl bestreichen. Das Gemüse darauf verteilen, mit den Walnüssen bestreuen und dem restlichen Öl beträufeln. • Die Pizza auf dem Rost in der unteren Schiene bei Mikrowellenleistung 180 Watt mit Ober- und Unterhitze 180–200° 25–30 Minuten backen. Den Mozzarella 5 Minuten vor Garzeitende auf der Pizza verteilen.

Wichtige Tabellen

Handgriffe zur Teigzubereitung

Schon bei der Teigzubereitung findet das Mikrowellengerät seinen Einsatz. Geschmeidigmachen von Butter, Schmelzen von Schokolade, Auflösen von Gelatine geht ganz schnell und unkompliziert.

Lebensmittel	Menge	Leistung	Zeit	Anmerkung
Butter	50 g	600 Watt	½ Min	Butter aus dem Kühlschrank wird in einem mikrowellengeeigneten Geschirr geschmeidig gemacht, aber nicht verflüssigt.
Butter	100 g	600 Watt	¾ Min.	
Butter	150 g	600 Watt	1 Min.	
Butter	200 g	600 Watt	1 –1½ Min.	
Butter	250 g	600 Watt	1 –2 Min.	
Schokolade	50 g	360 Watt	1 –2 Min.	Schokolade und Kuvertüre in einem mikrowellengeeigneten Geschirr schmelzen lassen, zwischendurch umrühren
Schokolade	100 g	360 Watt	1½–2 Min.	
Schokolade	150 g	360 Watt	2 –2½ Min.	
Schokolade	200 g	360 Watt	2½–3 Min.	
Schokolade	250 g	360 Watt	3 –4 Min.	
Gelatine	2 Blatt	600 Watt	5–10 Sek.	Gelatine wird in kaltem Wasser eingeweicht und tropfnaß in einem mikrowellengeeignetem Geschirr aufgelöst.
Gelatine	4 Blatt	600 Watt	10–15 Sek.	
Gelatine	6 Blatt	600 Watt	15–20 Sek.	

Gebäck auftauen mit Mikrowellen

Die Zeiten gelten für Gebäck, das kalt serviert werden soll. Bei einem Stück Sahnetorte beispielsweise darf die äußere Schicht nicht schon zerfließen, während der Kern noch gefroren ist. Wählen Sie deshalb eine schonende Auftaustufe von 150–210 Watt. Hier gilt die Regel: Doppelte Menge = fast doppelte Zeit. Deshalb frieren Sie Gebäck flach ein, besser portionsweise oder in Scheiben als in großen Stücken.

Lebensmittel	Gewicht	Zeit/Minuten	Stehzeit/Minuten	Anmerkung
trockene Kuchen (Rührkuchen)	1 Stück (etwa 100 g)	½– 1½	5	Auf Küchenpapier legen, einmal wenden
	500 g	6 – 8	10	
Obstkuchen	1 Stück (etwa 100 g)	1 – 2	5	Auf Küchenpapier legen
	500 g	10 –12	10	
Torte	1 Stück (etwa 100 g)	½– 1½	10	Nur antauen, bei Raumtemperatur vollständig auftauen lassen
	1 Torte (etwa 1200 g)	10 –14	25–30	
Brot	1 Scheibe (etwa 30 g)	½– 1	1	Auf Küchenpapier legen, einmal wenden (wird schnell hart)
	250 g	3 – 5	5	Auf Küchenpapier legen, 1–2mal wenden. In Scheiben eingefrorenes Brot nach der Hälfte der Zeit auseinanderlegen.
	500 g	7 – 9	5	
	1000 g	12 –14	5–10	
Brötchen	1 Stück	¼– ¾	5	Auf Küchenpapier legen, einmal wenden. Wird schnell hart
	2 Stück	¾– 1	5	
	4 Stück	1 – 1½	5	
Sahne	200 g (1 Becher)	5 – 7	–	Deckel vorsichtig abziehen. Nur antauen lassen und in einer Rührschüssel noch halbgefroren schlagen.

Der Inhalt des Buches von A–Z

Zum Gebrauch

Hier stehen die Rezepttitel und Sachbegriffe in alphabetischer Reihenfolge. Damit Sie Rezepte mit bestimmten Zutaten aber noch schneller finden können, stehen in diesem Register zusätzlich auch die Hauptzutaten wie Äpfel oder Mandeln, ebenfalls alphabetisch geordnet, über den entsprechenden Rezepten.

A

Ananas-Mandarinenkuchen 20
Anwendungen beim Backen 12
Äpfel
- Apfelkuchen mit Crème-fraîche-Guß 27
- Apfelkuchen mit Mandel-Eier-Guß 27
- Apfel-Vollkornkuchen 26
- Apfelstrudel 28
- Gedeckte Apfeltorte 26
- Mohntorte 35
- Quark-Apfelkuchen 16
- Saftiger Sommerkuchen mit Zwetschgen, Äpfeln und Birnen 31

Aprikosen
- Saftige Aprikosentorte 32
- Sommerkuchen mit Aprikosen und Johannisbeeren (Variante) 31

Auftauen: Gebäck auftauen mit Mikrowellen 76

B

Backformen
- Backformen aus Glas und Kunststoff 9
- Backformen aus Keramik 9
- Backformen aus Metall 8
- Backformen richtig stellen (Tip) 11
- Fettpfanne als Backform (Tip) 11
- Zubehörteile 8

Backzeit (Tip) 11
Baiser: Kirschkuchen mit Baiserhaube 22
Baiser: Traubentorte mit Mandelbaiser 25
Bananen: Fruchtige Bananentorte mit Quarkcreme 45
Beeren
- Brombeerkranz 44
- Früchetarte mit Beeren 51
- Himbeerroulade 49
- Preiselbeertorte mit Quark 38
- Sommerkuchen mit Aprikosen und Johannisbeeren (Variante) 31

Birnen: Saftiger Sommerkuchen mit Zwetschgen, Äpfeln und Birnen 31
Birnenkuchen 33
Blätterteig
- Blätterteigpastete 67
- Blätterteigtaschen mit Kalbsbrät 70
- Blätterteigtaschen mit Spinat 70
- Kräuter-Wurst-Brot 62
- Zwiebel-Speck-Törtchen 71

Blumenkohltorte 89
Brombeerkranz 44
Brombeeren: Früchtetarte mit Beeren 51
Brot
- Käse-Quarkbrot 63
- Kräuter-Wurst-Brot 62
- Quarkbrötchen 17
- Würziges Vierkornbrot 65
- Würziges Vollkornbrot 64
- Zwiebelbrot 63
- Butter geschmeidig machen (Tip) 10

C

Cognac: Gugelhupf mit Cognac 19

D

Donauwellen 24

E

Egerlinge: Tomatentorte mit Egerlingen 59
Einschubhöhe 12
Erdbeersahnetorte 48

F

Feigentorte 39
Feine Lachstarte 72
Feine Quarktorte 16
Fettpfanne als Backform (Tip) 11
Früchtekuchen 54
Früchtetarte mit Beeren 51
Fruchtige Bananentorte mit Quarkcreme 45

G

Garprobe (Tip) 11
Gebäck auftauen mit Mikrowelle 76
Gedeckte Apfeltorte 26
Gelatine auflösen (Tip) 11
Gemüse-Vollkornkuchen 68
Geräte 6
Glas: Backformen aus Glas 9
Grill mit Mikrowellen kombiniert 7
Gugelhupf mit Cognac 19
Gugelhupf mit Pistazien 19

H

Hackfleisch: Strudel mit Spinat und Hackfleisch (Variante) 61
Handgriffe zur Teigzubereitung 76
Heidelbeerkuchen mit Mandelguß 50
Heidelbeerkuchen mit Streuseln 50
Himbeerroulade 49
Himbeeren: Früchtetarte mit Beeren 51
Honig geschmeidig machen (Tip) 10
Honigkuchen 55

J

Johannisbeeren: Früchtetarte mit Beeren 51
Johannisbeeren: Sommerkuchen mit Aprikosen und Johannisbeeren (Variante) 31

K

Kaffeetorte 47
Kalbsbrät: Blätterteigtaschen mit Kalbsbrät 70
Kartoffel-Lauch-Pizza 60
Kartoffelkuchen mit Mandeln 43
Käse
- Blätterteigpastete 67
- Kartoffel-Lauch-Pizza 60
- Käse-Quarkbrot 63
- Lothringer Specktorte 67
- Sauerkraut-Pirogge 58
- Schinken-Käsegebäck 74
- Tomaten-Käse-Wähe 69

Keramik: Backformen aus Keramik 9
Kirschen
- Donauwellen 24
- Kirschgugelhupf 21
- Kirschkuchen mit Baiserhaube 22
- Kirsch-Nougatkuchen 23
- Schokoladen-Kirschkuchen 23

Kiwikuchen 20
Kiwitorte 40
Kohlrabi: Möhren-Kohlrabi-Pizza 75
Kombinationsgerät
- Anwendungen beim Backen 12
- Die richtige Einschubhöhe 12
- Die richtige Temperatur 12
- Die richtigen Mikrowellen-Leistungsstufen 12

Kräuter-Wurst-Brot 62
Krautstrudel 61
Kunststoff: Backformen aus Kunststoff 9

L

Lachs: Feine Lachstarte 72
Lauch: Kartoffel-Lauch-Pizza 60
Lauchtorte 66
Lothringer Specktorte 67

M

Mandarinen: Ananas-Mandarinen-kuchen 20
Mandarinen: Blätterteigpastete 67

Mandeln
- Mandeln häuten (Tip) 10
- Apfelkuchen mit Mandel-Eier-Guß 27
- Erdbeersahnetorte 48
- Heidelbeerkuchen mit Mandelguß 50
- Honigkuchen 55
- Kaffeetorte 47
- Kartoffelkuchen mit Mandeln 43
- Mohngugelhupf 35
- Möhren-Festagstorte in drei Etagen 42
- Quark-Mandelkuchen 34
- Sahne-Mandelkuchen 34
- Schokoladencremetorte 53
- Schokoladen-Kirschkuchen 23
- Traubentorte mit Mandelbaiser 25
- Traubentorte mit Mandelteig 25

Marmelade verflüssigen (Tip) 10
Marmorkuchen 18
Metall: Backformen aus Metall 8
Mikrowellen
- Alle Beheizungsarten mit Mikrowellen kombiniert 6
- Gebäck auftauen mit Mikrowellen 76
- Grill mit Mikrowellen kombiniert 7
- Mikrowellen-Leistungsstufen 12
- Ober- und Unterhitze mit Mikrowellen kombiniert 6
- Umluft mit Mikrowellen kombiniert 6
- Wahl der Mikrowellenleistung (Tip) 10

Milch anwärmen (Tip) 10
Mohngugelhupf 35
Mohntorte 35
Möhren-Festtagstorte in drei Etagen 42
Möhren-Kohlrabi-Pizza 75
Mozzarella: Pizza mit Mozzarella (Variante) 60

N

Nougat: Kirsch-Nougatkuchen 23
Nüsse
Früchtekuchen 54
Nußtorte mit Krokant 46
Orangenkuchen 54
Saftiger Sommerkuchen mit Zwetschgen, Äpfeln und Birnen 31
Zucchini-Nußkuchen 17
Zwetschgen-Nußtorte 30

O

Ober- und Unterhitze mit Mikrowellen kombiniert 6
Orangenkuchen 54
Orangentorte 52

P

Piogge: Sauerkraut-Pirogge 58
Pirogge: Spinat-Pirogge (Variante) 58
Pistazien: Gugelhupf mit Pistazien 19
Pizza
Kartoffel-Lauch-Pizza 60
Möhren-Kohlrabi-Pizza 75
Pizza mit Mozzarella (Variante) 60
Preiselbeertorte mit Quark 38
Prinz-Eugen-Torte 41
Pudding kochen (Tip) 11

Q

Quark
Brombeeerkranz 44
Feine Quarktorte 16
Fruchtige Bananentorte mit Quarkcreme 45
Himbeerroulade 49
Kartoffel-Lauch-Pizza 60
Käse-Quarkbrot 63
Quark-Apfelkuchen 16
Quarkbrötchen 17
Quark-Mandelkuchen 34
Quarkstrudel (Variante) 28
Preiselbeertorte mit Quark 38
Tomatentorte mit Egerlingen 59
Zwiebelbrot 63

S

Saftige Aprikosentorte 32
Saftiger Sommerkuchen mit Zwetschgen, Äpfeln und Birnen 31
Sahne: Erdbeersahnetorte 48
Sahne-Mandelkuchen 34
Sauerkraut-Pirogge 58
Schinken-Käsegebäck 74

Schokolade
Schokolade schmelzen (Tip) 11
Prinz-Eugen-Torte 41
Schokoladencremetorte 53
Schokoladengugelhupf 21
Schokoladen-Kirschkuchen 23
Schokoladenkuchen 18
Stachelbeer-Schokoladen-Torte 29
Seelachs: Spinat-Seelachs-Tarte 73
Sommerkuchen mit Aprikosen und Johannisbeeren (Variante) 31
Speck
Lauchtorte 6
Lothringer Specktorte 67
Zwiebelkuchen 66
Zwiebel-Speck-Törtchen 71
Spinat
Spinat-Pirogge (Variante) 58
Spinat-Seelachs-Tarte 73
Blätterteigtaschen mit Spinat 70
Strudel mit Spinat und Hackfleisch (Variante) 61
Stachelbeer-Schokoladen-Torte 29
Streusel: Heidelbeerkuchen mit Streuseln 50
Strudel
Apfelstrudel 28
Krautstrudel 61
Quarkstrudel (Variante) 28
Strudel mit Spinat und Hackfleisch (Variante) 61

T

Teigzubereitung: Handgriffe zur Teigzubereitung 76
Temperatur 12
Temperaturwahl (Tip) 10
Tomaten-Käse-Wähe 69
Tomatentorte mit Egerlingen 59
Tortenguß zubereiten (Tip) 11
Traubentorte mit Mandelbaiser 25
Traubentorte mit Mandelteig 25
Trockenfrüchte quellen lassen (Tip) 10
Trockenfrüchte: Früchtekuchen 54

U

Umluft mit Mikrowellen kombiniert 6

V

Vierkornbrot: Würziges Vierkornbrot 65
Vollkornbrot: Würziges Vollkornbrot 64

W

Wahl der Mikrowellenleistung (Tip) 10
Walnüsse: Orangentorte 52
Wattzahl 7
Wurst: Kräuter-Wurst-Brot 62
Würziges Vierkornbrot 65
Würziges Vollkornbrot 64

Z

Zubehörteile 8
Zucchini-Nußkuchen 17
Zwetschgen
Saftiger Sommerkuchen mit Zwetschgen, Äpfeln und Birnen 31
Zwetschgen-Nußtorte 30
Zwetschgenkuchen 32
Zwetschgenkuchen mit Guß 30
Zwiebeln
Zwiebelbrot 63
Zwiebelkuchen 66
Zwiebel-Speck-Törtchen 71

Bildkochbücher der Extraklasse.
Kulinarisch, informativ, verführerisch

Desserts
Rezept-Ideen für jeden Tag, für Feste und Gäste; Fruchtiges, Zartes, Cremiges, Üppiges, Warmes und Eisiges.

Fleisch
Köstliche Fleischgerichte für alle Gelegenheiten. Von einfach bis festlich – auch fürs kalte Buffet.

Fisch
Feine Vorspeisen und köstliche Hauptgerichte mit Fischen, Schal- und Krustentieren. Dazu wichtige Tips für den Einkauf.

Geflügel
Ein wahres Ideen-Kochbuch für Haus- und Wildgeflügel. Eine Fundgrube für alle, die gerne Geflügel essen.

Gemüse
Dieses aufwendig gestaltete GU Bildkochbuch bietet eine Fülle reizvoller Rezept-Ideen von einfach bis raffiniert und festlich.

Kleine Gerichte
Das aktuelle Bildkochbuch für Freunde der Bistro-Küche: Snacks, warme und kalte Vorspeisen, feine Pasteten . . .

Kuchen und Torten
Das farbige GU Bildbackbuch präsentiert viele beliebte und neue Kuchen und Torten sowie verlockendes Kleingebäck.

Nudeln
Raffiniertes aus aller Welt: Suppen, Vorspeisen, Aufläufe, Saucengerichte und vieles mehr. Dazu: Nudeln selbstgemacht.

Salate
Köstliche, frische und vielseitige Salat-Ideen aus aller Welt. Mit Informationen über viele typische Salatzutaten.

Suppen und Eintöpfe
Rezepte aus aller Welt: Reiche Bouillons, zarte Cremesuppen, feine Gemüsesuppen und kräftige, deftige Eintöpfe.

- Einzigartige Rezept-Vielfalt durch kompetente Autoren. Herausgegeben von der berühmten Kochbuchautorin Annette Wolter.
- Alle Rezepte in neu und exklusiv produzierten Farbaufnahmen.
- Wichtige Handgriffe oder Grundrezepte in Schritt-für-Schritt-Fotos.
- Jedes Rezept mit Angabe der Kalorien und Nährwerte.
- Farbig bebilderte Warenkunde von hoher Qualität zu jedem Thema.

GU Gräfe und Unzer

Die Autoren

Sabine Freifrau von Imhoff

arbeitete nach ihrer Ausbildung zur Hauswirtschaftsleiterin zunächst in einem Energieversorgungsunternehmen als Elektroberaterin. Später übernahm sie Aufgaben bei einer Elektrofirma als hauswirtschaftliche Energieberaterin. Dann wagte die gebürtige Holsteinerin den Sprung nach Bayern, wo sie ein Schulungs- und Informationszentrum für Mikrowellengeräte aufbaute und leitete. Von der Mikrowellen-Technik begeistert und überzeugt, sammelte sie auf diesem Gebiet reichhaltige Erfahrungen. Ein Höhepunkt in ihrer Karriere war die enge Zusammenarbeit mit einem Drei-Sterne-Koch. Seit kurzem hält sie Vorträge und schreibt Bücher zum Thema Mikrowelle.

Odette Teubner

Ihr beruflicher Werdegang war von klein an vorprogrammiert, da sie zwischen Kameras, Scheinwerfern, Versuchsküche und Dunkelkammer aufwuchs. Nach der Schulzeit begann sie sofort eine Lehre bei ihrem Vater, dem international bekannten Food-Fotografen Christian Teubner. Obgleich Odette ihrem Vater schon bald eine fast unersetzliche Hilfe war, folgte sie seinem Rat, sich einige Monate in München der Modefotografie zu widmen, um eine einseitige Entwicklung zu verhindern. Außerdem ging sie für einige Wochen nach Alaska, um dort Land und Tiere zu fotografieren. Heute arbeitet sie ausschließlich im Studio für Lebensmittelfotografie Teubner. In ihrer Freizeit ist sie begeisterte Kinderportraitistin – mit dem eigenen Sohn als Modell.

Kerstin Mosny

wuchs in einer kreativen Umgebung auf. Nach dem Abitur besuchte sie eine Fachhochschule für Fotografie in der französischen Schweiz. Danach arbeitete sie als Assistentin bei verschiedenen Fotografen, unter anderem bei dem Food-Fotografen Jürgen Tapprich in Zürich. Durch einen Kochkurs bei der bekannten Kochbuch-Autorin Agnes Amberg wurde ihre Neigung zur Food-Fotografie verstärkt. Um ihre Englischkenntnisse zu vertiefen, arbeitete sie ein halbes Jahr in verschiedenen Fotostudios in London. Seit März 1985 arbeitet sie im Fotostudio-Teubner. Ganz besonders gut gelingt es ihr, küchentechnische Arbeitsschritte ins Bild umzusetzen, wie die Beispiele in diesem Buch zeigen.

Impressum

Das Farbfoto auf der Einband-Vorderseite zeigt Donauwellen (Rezept Seite 24). Auf der Einband-Rückseite sehen Sie: Zwetschgenkuchen und Saftige Aprikosentorte (Rezept Seite 32) und Schokoladenkuchen (Rezept Seite 18).

CIP-Titelaufnahme der Deutschen Bibliothek

Imhoff, Sabine von:

Backen: das GU-Bildbackbuch für alle Mikrowellen-Kombinationsgeräte / Sabine v. Imhoff. Die Farbbilder gestalteten Odette Teubner u. Kerstin Mosny. –
München: Gräfe u. Unzer, 1989
(Köstlich und schnell mit Mikrowelle)
ISBN 3-7742-2609-1

1. Auflage 1989

Redaktion: Adelheid Schmidt-Thomé
Versuchsküche: Heide Baumeister
Herstellung: Karl Schaumann und Robert Gigler
Farbfotos: Odette Teubner und Kerstin Mosny
Umschlaggestaltung: Heinz Kraxenberger
Reproduktion: SKU Reproduktionen GmbH
Satz: Fertigsatz GmbH
Druck und Bindung: Mairs Graphische Betriebe
ISBN 3-7742-2609-1